教育部人文社会科学研究规划基金项目（项目批准号：18YJA860004）

知识服务视角下的
大学出版社融合发展研究

Zhishi Fuwu Shijiao Xia de

Daxue Chubanshe Ronghe Fazhan Yanjiu

冯卫东　　张明星　李特军　冯梅　何春梅　　编著

西南财经大学出版社
Southwestern University of Finance & Economics Press

中国·成都

图书在版编目(CIP)数据

知识服务视角下的大学出版社融合发展研究/冯卫东等编著．—成都:西南
财经大学出版社,2022.1

ISBN 978-7-5504-5077-6

Ⅰ.①知…　Ⅱ.①冯…　Ⅲ.①高等学校—出版社—发展—研究—中国
Ⅳ.①G239.22

中国版本图书馆 CIP 数据核字(2021)第 195768 号

知识服务视角下的大学出版社融合发展研究

冯卫东　张明星　李特军　冯梅　何春梅　编著

责任编辑:李晓嵩
助理编辑:杜显钰
责任校对:陆昱臻
封面设计:张姗姗
责任印制:朱曼丽

出版发行	西南财经大学出版社(四川省成都市光华村街55号)
网　　址	http://cbs.swufe.edu.cn
电子邮件	bookcj@swufe.edu.cn
邮政编码	610074
电　　话	028-87353785
照　　排	四川胜翔数码印务设计有限公司
印　　刷	四川五洲彩印有限责任公司
成品尺寸	170mm×240mm
印　　张	10
字　　数	116千字
版　　次	2022年1月第1版
印　　次	2022年1月第1次印刷
书　　号	ISBN 978-7-5504-5077-6
定　　价	68.00元

前言

随着大数据、云计算、移动互联网、物联网、第五代移动通信技术（5G）等技术的快速发展，全球迅速进入技术与行业融合的时代。在这样的时代背景下，以创新驱动、跨界融合为特征的出版融合发展研究引起了出版界的广泛关注。如何深化传统出版与新兴出版融合发展，实现传统出版业转型升级、高质量发展，是出版界需要关注的理论依据和现实选择双重因素叠加的重大课题。

近年来，在部分出版单位持续探索融合发展的背景下，传统出版和新兴出版在内容、渠道、平台、经营、管理等方面融合的深度和广度均有所突破。但与其他行业的融合发展相比，出版业融合发展的速度还较为缓慢，成熟的融合发展模式和长效发展机制也较为缺乏。

2015 年，国家新闻出版广电总局、财政部联合印发《关于推动传统出版和新兴出版融合发展的指导意见》（下文简称《指导意见》）。《指导意见》要求深入贯彻习近平总书记系列重要讲话精神，进一步提高出版业的影响力传播力和竞争实力，推动出版业更好更快发展。《指导意见》明确了工作目标，要求按照积极推进、科学发展、规范管理、确保导向的要求，立足传统出版，发挥内容优势，运用先进技术，走向网络空间，切实推动传统出版和新兴出版在内容、渠道、平台、经营、管理等方面深度融合，实现出版内容、技术应用、平台终端、人才队伍的共享融通，形成一体化的组织结构、传播体系和管理机制。可以说，出版融合发展是顺应时代要求、国家层面确定的战略目标。

事实上，在信息技术快速发展的背景下，传统出版面对的压力已越来越大，传统出版+数字出版的简单融合只是传统出版形式的转变，只有实现深层次融合才是保证出版高质量发展的根本。什么是深层次融合？我们认为，深层次融合至少要做到三个方面的转变：

一是思维的转变：用互联网思维代替传统出版思维。所谓互联网思维，就是在大数据、云计算、移动互联网、物联网、5G等信息技术不断发展的背景下，对市场、用户、产品、企业价值链乃至整个商业生态进行重新审视的思考方式。这个概念自百度公司创始人李彦宏提出以后，已被越来越多的有识之士认可，并被全领域、全行业所运用。运用互联网思维，至少可以为出版业带来三个层次的转变：第一，新技术工具的使用；第二，出版流程的改变；第三，出版边界的重塑。从一定意义上讲，融合发展要求出版单位首先要有融合思维。思维观念的落后是导致出版单位融合发展急迫性、主动性不够，融合发展动力不足的重要原因。

二是理念的转变：用为客户提供知识服务的理念代替提供图书的理念。对出版业而言，新技术在出版中的运用，带来的不仅是产品形态的变化，也不仅是销售方式的转变，更重要的是改变了传统出版的垂直商业模式。在传统模式下，出版单位对客户的需求缺乏足够了解，很难获取客户对产品的使用信息反馈，无法利用大数据分析提供定制化、个性化的服务。而在基于新技术的融合出版背景卜，开放、共享的平台真正实现了出版单位与客户的零距离接触与互动，以图书为单一介质的垂直服务理念已远远不能满足客户的需求。出版单位一定要有以融合出版内容为基础、新媒体技术为支撑、提升客户价值为中心的知识服务理念。只有在这一理念的指导下，出版单位才能真正把握融合出版的真谛。

三是内部机制的转变：用多维度的内部机制代替单一维度的内部机制。面对互联网时代传播方式的变革，融合发展在坚守出版本质的前提下，需要实现内容、渠道、平台、经营、管理等方面的创新。在探索融合发展的过程中，创新内部机制是出版单位实现转型升级极为重要的一环。越来越多的出版单位领导认识到融合发展是一项系统的长期工程，如果没有领导的顶层设计和强力推动，融合发展工作是无法有效开展的，所以融合发展又被称为"一把手工程""全员参与的工程"。出版单位内部机制的创新作为融合发展顶层设计中的基础性工作，也是融合发展顺利进行的重要保障。出版业务重组和流程再造必将改变传统出版业中割裂的组织架构，这也是全系统、全要素、全过程融合出版的必然要求。

大学出版社作为出版业的一个重要组成部分，在出版领域发挥着独特的作用。面对新技术的应用，大学出版社表现出的热情不亚于其他类型的出版社，在最初的数字化转型中，大学出版社还是其中的中坚力量，在国家政策的引导下，做了很多有益的尝试，前期也取得了良好的成效，这从国家数字出版专项资助项目的数量占比上可以得到体现。然而，受资金及服务对象的制约，大学出版社的转型升级逐渐陷入了"高开低走"的尴尬境地。原因在于：一是融合发展的投入力度较大，周期较长，国家出版基金的资助远远满足不了大学出版社融合发展的资金需求，导致很多国家出版基金资助项目虽然结项，但已背离了资助的初衷，融合发展缺乏持续的资金支持；二是大学出版社还承担着为高校科研和教学服务的任务，在一定程度上受高校教学和科研新技术应用的制约，内在发展动力不足。更为重要的是，部分大学出版社没有从其本身的特色出发考虑融合发展方向，以知识服务为目标的融合出版没有得到足够重视，相关的理论研究也较少，并且多是对个体的研究，共性研究缺乏。

基于此，本书试图从知识服务视角，通过梳理出版社融合发展中的理论研究，分析融合发展实践中存在的问题，对大学出版社融合发展的内部机制、人才发展机制及路径选择进行初步探讨，旨在抛砖引玉，力图为大学出版社提供有针对性的可持续性的融合发展启示。

本书是在"教育部人文社会科学研究规划基金项目（批准号：18YJA860004）"课题前期相关研究内容的基础上综合修订而成的。其间，课题组借鉴和参考了国内外学者的研究成果，也得到了行业内许多大学出版社的大力支持，在此一并致谢。理论探索只是事物发展过程中的一个阶段，推动事物发展最重要的是实践，相信通过大学出版社融合发展的实践努力，相关的理论研究必将更为丰富与完善。书中不当之处，也请广大读者批评指正。

编者

2021 年 10 月 1 日

目 录

1 绪论

1.1 研究背景

1.1.1 问题的提出

近年来，知识经济快速兴起，知识产品推陈出新，知识服务受到社会各界的广泛重视。提供知识服务是我国文化产业的发展趋势，围绕知识服务打造知识强国已成为共识。事实上，知识服务并非新鲜事物，而是教育、出版、传媒等多个行业融合的产物，是原有商业模式的创新。当下，受渠道、技术和资本三重因素的影响，知识服务在互联网行业发展迅速，颇受大众追捧，但不容忽视的是互联网企业由于资源有限，不能保持持续内容输出，因而呈现后继乏力的现象。

出版业自古以来便肩负知识产品生产和传播的使命，随媒介形态的改变而有所更新。知识资源开发与传统出版企业转型升级关系密切。通过信息化、数字化的科技手段，深度加工、高效利用知识资源是传统出版企业转型升级的必由之路，也是现代知识服务的重要特征。随着传统出版企业数字出版建设的不断推进，如何在内容资源数字化转化和生产流程数字化变革的基础上深入推进知识服务，是传统出版企业生存发展必须要解决的问题。

作为当下传统出版企业转型升级的主要方向和根本目标，知识服务为传统出版创造了机遇。经过几年的实践，出版业已深刻认识到，知识服务是推动内容汇聚的新动能，是自身实现产业快速增长、向出版高质量发展转型的新方向，是优化产业结构、深化供给侧结构性改革、提质增效的新手段。知识电商、知识社区、讲座课程、线下咨询、付费文档等各类知识付费产品的不断涌现，不仅为受众获取知识提供了新模式，也为出版单位融合发展带来了机遇和挑战。大学出版社应主动把握新技术变革给出版业事业发展带来的机遇，探索知识服务的着力点，深入研究融合出版的知识服务特性，并加快构建融合出版的理论研究框架。

作为出版业的重要组成部分，大学出版社在服务学校教学、科研的宗旨下承担了将最新科研成果转化为出版成果、服务大众的社会功能。分析大学出版社融合发展的独特研究背景，对进一步深入探讨大学出版社融合发展有着重要的意义。

1.1.2 具体分析

（1）战略分析

党的十八届三中全会提出了推动媒体融合发展的重大任务，2015年3月31日，国家新闻出版广电总局、财政部印发《关于推动传统出版和新兴出版融合发展的指导意见》（以下简称《指导意见》）。《指导意见》分总体要求、重点任务、政策措施、组织实施4部分共16条，明确了传统出版和新兴出版融合发展的方向及目标，提出了加强相关法律法规修制工作、加大财政政策支持力度、强化人才队伍建设等政策措施。

习近平总书记强调，融合发展关键在融为一体、合二为一，要尽快从相加阶段迈向相融阶段。

党的十九大报告提出："我国经济已由高速增长阶段转向高质量发展阶段，正处在转变发展方式、优化经济结构、转换增长动力的攻关期。"

新时代，推动高质量发展成为我国经济社会发展的工作主线。2018 年 3 月 5 日，提请第十三届全国人大一次会议审议的政府工作报告提出的深入推进供给侧结构性改革等 9 方面的部署，都围绕着高质量发展展开。作为国民经济重要组成部分的出版工作，自然也要适应新时代的要求。事实上，此项工作已于 2019 年在出版领域全面开始实施。2019 年，由中央全面深化改革委员会审议通过的《关于加强和改进出版工作的意见》印发，明确提出了出版要坚持高质量发展，要进一步推动出版融合发展，加快传统出版业的数字化转型。"积极推动传统出版向数字化出版转化，取得一定成果"甚至已被列入图书出版单位社会效益评价考核指标。

从以上可以看出，融合发展已在国家层面引起高度重视，在今后相当长的时期内也会作为大学出版社出版高质量发展的最重要的战略选择。事实上，融合发展也给世界范围内的以技术创新为引领的出版高速发展带来强大动力，各国政府均重视并积极引导这场出版技术变革，这既是对传统出版业的一场革新，又是对大众阅读趋势新变化的适应。

（2）内涵分析

毋庸置疑，融合出版的产生是技术与需求相互作用的必然结果。通过出版和新媒体技术各自产业链环节上不同要素的融合、内容在不同场景的迁移与变化以及运营过程中个性化的协同，从而不断推动融合出版的发展与创新。融合出版的内涵至少应包括《指导意见》的以下六个方面：

①在创新内容生产和服务方面，生产满足用户的多样化、个性化需求和多终端传播的出版产品，将传统出版的专业采编优势、内容资源优势延伸到新兴出版。

②在加强重点平台建设方面，推动国家级出版内容发布投送平台、出版产品信息交换平台等重点平台建设；通过市场化的方式，实现出版内容和行业数据跨平台互通共享。

③在扩展内容传播渠道方面，支持实体书店与电子商务合作，探索以用户为中心的全渠道服务模式。

④在拓展新技术新业态方面，运用大数据、云计算、移动互联网、物联网等技术，加快发展移动阅读、在线教育、知识服务、按需印刷、电子商务等新业态。

⑤在完善经营管理机制方面，主动探索出版单位内部组织结构的重构再造；探索建立首席信息官制度，加强版权、商标、品牌等的保护和多元化、社会化运营。

⑥在发挥市场机制作用方面，在网络出版以及对外专项出版领域探索实行管理股试点，支持传统出版单位控股或参股互联网企业、科技企业，引导社会力量参与融合项目的技术研发和市场开拓。

从以上六个方面的内容中可以看出，大学出版社融合发展的内涵至少应具备两个方面的融合：一是内容融合，包括出版机制、出版方式等的融合；二是渠道融合，包括平台建设、融合项目等的融合。大学出版社融合发展的内涵也可归纳为内部融合发展和外部融合发展两个方面。本书的研究重点是大学出版社内部融合发展。

（3）目标分析

融合发展已成为中国乃至世界出版业发展的强劲动力。大学出版社要推动出版融合向纵深发展，完成由教材和学术著作出版生产商向知识服务供应商的身份转变是大学出版社实现出版高质量发展的必然选择。原因在于：

①知识服务是大学出版社独特的先天优势。作为出版领域的一支生力军，大学出版社的成立既是促进我国教育事业发展和出版事业发展繁荣的重大举措，也是提供现代知识服务的现实要求。大学出版社根植于高校，自成立之日起就被打上了为教学和科研服务的烙印，知识服务属性是其区别于其他类别出版社的显性基因。从严格意义上讲，知识服务指引大学出版社的发展方向，在时代演进过程中，始终伴随着大学出版社的传承和发展。知识服务水平的高低，是衡量大学出版社办社水平高低的客观尺度，更是决定大学出版社先天优势能否保持的重要指标。

②知识服务是大学出版社的核心竞争力。出版社的核心竞争力是指出版社在经营过程中，为取得市场竞争优势，通过各种资源的整合，形成的难以被模仿和替代的并可持续扩大的独特优势。出版社的核心竞争力的构成要素在一般情况下包括选题策划能力、品牌影响力、资源配置与整合能力、市场营销能力等。分析这些要素，我们可以发现，在知识服务领域内，大学出版社有着天然的地缘与人缘优势：从选题策划能力来讲，大学出版社依托高校教学和科研力量，对出版资源有着较强的掌控能力，包括对作者、策划人才、

前沿理论等资源的掌控能力；从品牌影响力来讲，以高校优势学科为背景可以成功塑造以出版社整体形象为特征的品牌影响力，事实证明，任何一所名校都有自己独树一帜的优势学科；从资源配置与整合能力来讲，大学出版社在学校党委的统一领导下，与学校的发展共命运、同呼吸，核心价值观和企业文化更容易塑造；从市场营销能力来讲，面对特定的读者和市场，知识服务对象更具特定性，信息反馈和增值服务更容易实现。

③为用户提供鲜明的个性化知识服务是一流大学出版社的普遍做法。一流大学需要一流大学出版社，这已是业界的共识。在欧美顶级大学出版社中，如哈佛大学出版社、牛津大学出版社、剑桥大学出版社、芝加哥大学出版社、普林斯顿大学出版社等无疑是一流大学出版社的典范，俨然成为转化大学学术成果、彰显学术风范的"第三势力"。这些出版社十分注重教学和学术资源知识服务体系建设，依靠自身丰富的教育信息数据资源，构建了智能学习平台以及相应的学习分析系统，为用户提供了鲜明的个性化知识服务，在促进学校学科建设、完善教材体系等方面始终发挥着独特作用。

基于以上分析，大学出版社融合发展的目标就是依托大学优势资源，利用出版新技术，通过出版社各生产要素、全流程的融合发展，在其独特的知识服务体系下，走出一条出版高质量发展之路。

（4）着力点分析

大学出版社在向知识服务型出版社转型的过程中，应该依靠互联网技术与实际出版内容的有效融合，在融合发展中提升自身价值，为今后实现跨越式发展目标奠定基础。现阶段，我国大学出版社应发挥其独特优势，在明确其融合发展重要性的同时，要对影响融合发展的内因和外因进行不断研究。根据唯物辩证法的内外因辩证原理，内因是事物自身运动的源泉和动力，是事物发展的根本原因。因此，本书的研究重点放在影响大学出版社融合发展的内在因素上。

我们认为，影响大学出版社融合发展的内在因素有三个重要方面：

①大学出版社融合发展内部机制分析。出版社内部机制在图书产品研发和市场营销关系中起着纽带和杠杆作用，在融合发展过程中，内部机制的调解作用比传统出版的调解作用更为重要，要求更高。其调解作用表现在组织形态、管理效率、激励机制、沟通机制、培养机制等诸多方面。在融合发展背景下，大学出版社必须在保证内部机制的有效性基础上，通过协调功能确保融合产品研发的有效性和多媒体营销手段的有效性，从而能够真正完成最终目标，并同时将这两方面主体工作的关系提升到一个更为密切、和谐的层次。

②大学出版社融合发展人才培养机制分析。组织管理学认为，随着社会的飞速发展，在组织的人、财、物、信息四种资源中，人们越来越广泛地认识到人的重要性，以人为本的理念已渐渐深入人心。美国知名管理学者托马斯·彼得斯曾说过，企业或事业唯一真正的资源是人，管理就是充分开发人力资源以做好工作。不同组织间的竞争说到底是人才的竞争。宋代胡瑗有句名言，"致天下之治者在人才"。出版业受行业背景的影响对人才的需求比其他行业更为迫切。大学出版社要想在融合出版方面有所突破，必须聚焦人才中的关键部分，即中高层管理人才。事实上，在融合发展进程中，大学

出版社缺乏的往往正是这类关键人才，因此，建立中高层管理人才的培养机制，对探索大学出版社融合发展，尤其是知识服务视角下的融合发展尤为重要。

③大学出版社融合发展路径选择分析。近年来，出版界通过自行探索，对融合发展作出了不断尝试，在适应技术进步、满足读者多样化需求方面都实现了跨越式发展，在融合的深度和广度上也迈上了新的台阶。但是融合发展对出版业而言是一个逐渐摸索的过程，目前无论是理论研究还是现实选择，均存在一定的局限性。作为出版业的一个重要组成部分，大学出版社在融合发展路径选择上显然没有结合自身优势，尤其是未突出以知识服务为标志的先天优势，出现了融合发展方向不明确、融合流于形式、内容与形式脱节、融合发展路径不清晰等问题。通过大学出版社融合发展路径选择分析，可以突出大学出版服务特性，为尚在探索之路上艰难行进的大学出版社提供更适合自身发展的路径选择。

综上，研究大学出版社融合发展，着力点应放在探索内部机制、人才培养机制以及路径选择上。只有充分利用现代互联网技术，结合大学出版社知识服务的先天优势，才能在融合发展过程中进一步推动大学出版社的创新和可持续发展。

1.2 研究目的与意义

1.2.1 研究目的

大学出版社作为出版领域的一支生力军,扮演着为高校和文化教育事业服务的重要角色。知识服务是大学出版社独特的先天优势,也是其核心竞争力之所在。在融合发展背景下,大学出版社借助数字化实现知识服务转型,既有机遇也有挑战。研究知识服务视角下的大学出版社融合发展,有助于大学出版社发挥核心竞争力,借助数字化实现知识服务转型,为其进一步适应融合发展要求奠定良好的研究基础。

更为重要的是,通过对知识服务、出版融合、融合发展路径等相关理论文献的梳理,以及对大学出版社融合发展现状的分析,可以让我们认真审视大学出版社如何回归制定当初办社方针——为教学、科研服务的初心。不可否认,大学出版社改制后,从原来的企业化经营的事业单位转为独立的经营主体,这在一定程度上淡化了大学出版社的高校服务职能和社会服务职能,部分大学出版社为了生存,将视角放在了如何提高经济效益上,从而模糊了自身与其他类型出版社的职能边界。通过本书的研究,我们可以在一定程度上推动大学出版社借助融合发展、实现数字化转型的良机,重新定位其服务高校、服务社会的职能,有利于大学出版社构建社会效益优先、社会效益与经济效益相统一的体制机制,实现出版高质量发展。

1.2.2　研究意义

当前，融合发展已成为全球出版业发展的主旋律，也成为全球出版业把握未来发展的风向标。众多研究机构和学者都认识到出版业融合发展的重要性并积极探索融合发展路径。但在目前的文献中，我们很难找到大学出版社融合发展的理论研究，尤其是作为大学出版社先天优势和核心竞争力的知识服务融合发展的研究更是凤毛麟角。应该说，关于大学出版社融合发展的理论研究目前尚在艰难探索之中，很难为处于转型升级的大学出版社提供借鉴。

①从理论层面来看，探析知识服务视角下的大学出版社内部机制中各融合要素的相互关系，可以使大学出版社摆脱在转型升级过程中面临的内部环境的制约与困境，树立融合发展新理念。

②从实践层面看，通过本书的研究，可以构建创新型融合出版知识服务长效机制，为决策部门在制定大学出版社融合发展政策时提供科学的依据和全新的视角。

1.3　研究内容与方法

1.3.1　研究内容

（1）研究内容一：相关概念与文献综述

该部分通过对相关文献的梳理，概述了知识服务研究的发展历程以及知识服务的基本理论，我国知识服务研究主题，知识服务研究存在的问题，知识服务研究的展望，出版融合的内涵、现状与趋势等，为全书的研究提供理论借鉴。

（2）研究内容二：大学出版社融合发展内部机制研究

该部分在对内部机制现状研究的基础上，分析了大学出版社在融合发展中面临的用人机制刻板僵化、激励机制效用不大、生产机制陈旧老化、质量保障机制简单粗放、版权保护机制不够完善等问题与挑战，并针对问题与挑战提出融合发展需要的用人机制、激励机制、生产机制、质量保障机制以及版权保护机制等内部机制策略。

（3）研究内容三：大学出版社融合发展人才培养机制研究

文化产业从本质上说是人才产业，大学出版社融合发展的重心之一是转变人才管理方式，建立起能适应时代挑战、在市场竞争中赢得胜利的人才队伍。在未来的出版业发展要素中，中高层管理人才一定是重要的战略资源之一。因此该部分在调研的基础上，针对中高层管理人才发展现状，分析了人才培养机制中存在的问题，提出了融合发展人才培养机制策略。

（4）研究内容四：大学出版社融合发展路径选择研究

该部分通过基于出版内容的融合路径分析、基于出版技术的融合路径分析、基于出版渠道的融合路径分析、基于知识服务的融合路径分析，指出了目前大学出版社在融合发展路径选择时面临的融合发展已进入深水区、新媒体优先未能充分体现、线性分割组织流程未改变、融合出版资源配置与知识服务脱节等问题与挑战，进而提出了大学出版社融合发展路径选择策略。

（5）研究内容五：研究回顾与研究展望

该部分对全书的研究内容进行了回顾，进一步总结了知识服务视角下的大学出版社融合发展在内部机制、人才培养机制以及路径选择方面的策略；同时通过研究展望，指出了研究的局限和不足，并对后续亟待深入研究的问题进行了补充。

1.3.2　研究方法

（1）文献研究法

课题组采用多学科交叉的文献研究方法，综合运用了出版学、传播学、管理学、营销学等相关学科的理论研究方法，归纳整理并消化融合发展、大学出版、内部机制以及知识服务的相关文献，对文献进行分析、评价、引用，从而掌握国内外相关理论研究动态，整理并借鉴相关研究结果，为研究背景的提出、理论框架的构建夯实基础。

（2）问卷调查法

课题组利用对西南交通大学出版社、四川大学出版社、厦门大学出版社、西安电子科技大学出版社等23家出版社的微信试卷调查结果，对融合出版中人才发展的现状进行了分析，为探寻大学出版社人才培养路径提供借鉴。

1.4　研究框架与结构

本书的研究框架与结构如图1-1所示。

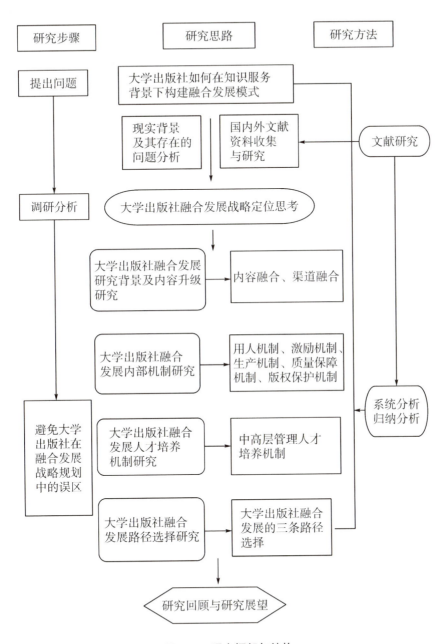

图 1-1 研究框架与结构

1.5 可能的创新与不足

1.5.1 创新

（1）大学出版社融合发展的内部机制创新

现有关于大学出版社融合发展的内部机制研究，多是以传统出版为主、以数字出版为辅的内部机制改革研究。本书有关大学出版社融合发展的内部机制创新研究，是建立在全要素优化整合基础上的内部机制创新研究，是一种对全新体制的研究。

（2）大学出版社融合发展的中高层管理人才培养路径创新

本书就大学出版社融合发展的中高层管理人才的联合培养、系统培养（首次提出）等方式进行了理论探索和可行性研究，力图探索适应大学出版社融合发展的中高层管理人才培养最佳路径。

（3）大学出版社融合发展路径探索创新

本书在研究融媒体技术体系的基础上，通过对目前出版融合方式的分析，梳理了融合发展中面临的挑战，结合大学出版社的特性及融合发展优势，提出了三种适合大学出版社融合发展的路径。

1.5.2 不足

大学出版社融合发展是当前大学出版社实现转型升级、出版高质量发展的关键。任何理论的创新均需要建立在大量实践经验的总结基础之上，实践经验的缺乏会导致理论研究的不足。课题组成员虽然都是大学出版社的一线工作人员，但受限于融合发展理论知识、实践经验的不足，造成研究缺乏深度和广度，尤其是在研究体系上，可能因研究要素的缺失而使整个研究体系的完整性受影响。这些问题需要在后续的研究与实践中加以解决。

本章小结

　　本章就全书的研究背景、研究目的与意义、研究内容与方法、研究框架与结构进行了阐述，并对可能的创新与不足进行了简要说明。应该指出的是，从知识服务视角研究大学出版社融合发展，视域较为特定，要构建一套完整的研究体系，目前还受到理论和实践上的限制。但我们相信，以此为契机，随着今后理论研究的深入和实践经验的丰富，相关探索的步伐不会停止，只会进一步加快。

2 相关概念与文献综述

2.1　关于知识服务

21世纪是信息技术和知识经济的代名词，信息技术的飞速发展以及知识经济时代的到来使人类的生产生活发生了翻天覆地的变化，当前知识已经成为推动经济社会发展的重要生产力，同时也是重要经济资源之一。知识经济时代的到来使得传统的知识服务体系已经不能满足人民日常生产、生活对知识学习的需求，传统知识服务体系的转型与创新已成必然趋势。相关的知识服务组织也正在努力将现代信息技术融入知识服务体系建设中，以达到提高知识服务工作的效率和水平以及更好满足用户多样化知识服务需求的目的。

2.1.1　知识服务研究的发展历程以及知识服务的基本理论

（1）知识服务研究的发展历程

国内的知识服务研究起源于21世纪初。知识经济时代和网络数字化对图书情报工作的冲击使知识服务研究取得较大进步。任俊为（1999）在《知识经济与图书馆的知识服务》一文中提出图书馆提供的知识服务将在知识经济的所有基础环节中发挥越来越重要的作用。张晓林（2000）在《中国图书馆学报》上发表了《走向知识服务：寻找新世纪图书情报工作的生长点》一文，指出知识经济对图书情报工作提出严峻挑战，提出图书情报机构要具备知识服务核心能力、重新定位市场和提高社会地位的创新观点。张晓林（2001）

主编的《走向知识服务》一书出版，这是国内首部关于知识服务的专著。该书对知识服务功能结构设计、支持知识服务的组织管理机制、知识服务的运营模式等问题进行了探讨。该书在国内学术界产生了重大影响，就此拉开了国内图书情报界研究知识服务的序幕。

至今，知识服务研究已有 20 年的历史。不少学者利用各种方法对我国知识服务研究的发展历程进行研究。陈茫、张庆普（2018）将中国知网（CNKI）数据库里 2015 年以前的相关文献作为样本，运用关键词共词分析、知识图谱绘制和关键文献判读等方法，借助 Cite Space 文献可视化分析软件，绘制我国知识服务研究的发展历程知识图谱，并对其研究态势展开深入探讨。研究表明，2001—2008 年，知识服务研究的内容主要与"公共图书馆""知识地图""信息资源服务""信息用户需求""知识网络""图书情报学""知识管理""服务模式""个性化服务""数字图书馆"等关键词有关，相关的知识服务研究没有局限在相关概念的辨析和比较上，而是已经开始从战略管理的宏观角度研究和解读知识服务，已经开始涉及知识服务的理论探讨、学科分支、应用实践、技术创新等研究。2009—2015 年，知识服务研究的内容主要与"数据挖掘""定题服务""信息保障""移动互联网""数据挖掘""云计算""大数据""互联网+""知识系统""分布式知识体系""开放知识服务"等关键词联系密切。从理论构建的研究层面来说，该阶段已形成了较完备和较成熟的知识服务理论体系。从研究主题和热点层面来说，该阶段已形成了多个成熟的、具有代表性的研究主题和热点，如知识服务关键要素、知识服务模式组成、知识服务平台构建、知识服务实现技术等。徐修德、刘钒（2020）仍选取 CNKI 数据库中的相关文献作为样本并采用文献计量方法，借助 Cite Space 文献可视化分析软件分析了知识服务研究的时空特征、热点。研究结果表明，2015—2019 年，知识服务研究更加注重将理论与实际应用相结合，并不断创新，突现词有"数字出版""大数据""人工智能""学术期刊""科技期刊""转型升级""图书馆学"等。大数据、人工智能的发展为知识服务研究带来了重大机遇与挑战，也促进了图书馆、出版业的创新升级。

笔者以高级检索条件"主题词：知识服务；发表时间：2020.1.1—2021.7.10"，在 CNKI 数据库进行检索。检索结果显示，"高校图书馆""人工智能""大数据"等仍是知识服务研究的热点；"智库""智库服务"等成为知识服务研究新的内容。

（2）知识服务的基本理论

在知识服务研究前期，学者围绕知识服务的定义、特征、内容等理论问题进行了探讨。关于"知识服务"的定义，目前没有统一的定论，其中有几位学者的定义具有一定的代表性。张晓林（2021）认为，知识服务以信息知识的搜寻、组织、分析，重组的知识和能力为基础，根据用户的问题和环境，融入用户解决问题的过程之中，提供能够有效支持知识应用和知识创新的服务。李慧敏（2003）认为图书馆知识服务将以满足社会发展和用户需求为准则，产品以知识服务的个性化、系统化和多样化形式出现，将会增强知识服务的及时性、针对性、主动性和有效性。图书馆知识服务将成为服务知识经济社会的知识组织活动。刘静等（2020）认为知识服务是对信息流进行有目的的收集、整理、分析、研究、存储，将之转化为可用的知识并提供给用户，对用户的决策起导向作用的一种服务方式。学者认为知识服务具有以下特征：灵活性、个性化、集成化、重视用户需求。关于知识服务的内容，唐林（2008）认为知识服务包括知识挖掘、知识组织、知识开发、知识应用等内容。

（3）知识服务与信息服务的区别

知识服务与信息服务是既有联系又有区别的两个概念。知识是对信息使用归纳与演绎、分析与综合等逻辑思维方法进行处理的产物，是人们认识和经验的总结，是抽象和逻辑的东西，必须经由人的大脑才能产生、识别和加以利用；信息是人们对数据进行系统组织、整理和分析的产物，它来源于数据又高于数据，不与特定用户行动相关联。知识服务是信息服务的高级阶段，知识服务能实现信息服务所不能实现的功能。本书借鉴李晓鹏、颜端武、陈祖香（2010）的研究成果，说明知识服务和信息服务的区别，如表2-1所示。

表2-1　知识服务与信息服务的区别

区别	知识服务	信息服务
服务目的	提供解决问题的知识产品，支持用户提升科学决策水平和竞争优势	满足于具体信息、数据、文献的提供，不注重内容对用户是否有帮助
服务性质	从知识内容、问题解决的需求出发，以融入智力分析、提供集成的解决方案为标志	以具体需求为出发点，以信息的采集存储、组织序化、检索提供为标志
价值取向和增值能力	着眼于智力投入的增值和解决问题的效果。提供以知识单元为单位的知识增值服务	着眼于提供的信息量是否满足用户所需。按文献单元，提供程式化的服务
管理机制	服务效果取决于问题的解决，要凝聚个体、团队的智慧，尤其要强调激励与协调保障体系的建设	针对明确的文献需求，依赖检索工具获取文献，侧重于对信息资源管理平台的完善

表2-1(续)

区别	知识服务	信息服务
服务内容和方式	基于分布式资源,主要为用户提供主动、有效、集成的再加工、个性化服务	以信息选择、获取、组织、存储为主,利用固有资源提供被动应答式服务
服务资源及存在方式	服务资源为数据、信息和知识,显性知识依附载体、符号、编码、系统,隐性知识依附于人	服务资源为数据和信息,依托载体、符号、编码、系统而存在和传播
处理基点和加工特点	以问题点为知识单元进行分析,除需要信息组织、检索、分析等工具的支持外,还需要知识挖掘、知识库、知识地图、本体等技术方法。对处理对象的内容分析、提取融入了智力因素,不仅改变处理对象的形式,也在一定程度上改变其内容特征	加工处理资源对象以书刊文献等为基点,主要需要信息组织、检索、分析等工具的支持。一般只改变处理对象的形式,而不改变内容特征

2.1.2 我国知识服务研究主题

(1) 我国知识服务研究概况

知识服务是一个交叉研究领域,是信息管理,知识管理,大数据、计算机、互联网技术等领域的相互渗透与结合。企业管理是最早研究知识服务的学科,今天研究它的学科已经扩展到图书情报学、经济学、金融学等,研究主体涉及高校图书馆、出版社、智库、金融机构和企业,知识服务研究已渗透到医药、农业等社会各行各业之中以及各项政策之中。我国最早开展知识服务研究的是图书情报界,该领域的研究成果也是最多的。除了学者高涨的研究热情以外,相关的学术会议和科学技术的发展也不断推动知识服务研究向前迈进。笔者根据相关的资料,简单汇总了近 2 年相关的知识服务会议

（见表2-2）。观察知识服务会议汇总结果，我们发现，知识服务研究几乎已经渗透到社会的各个行业。

表2-2　2019—2021年知识服务会议

年份	会议名称	作者	优秀学术论文
2019	2019年北京科学技术情报学会学术年会——"科技情报创新缔造发展新动能"论坛	李晋、甘甜、戴旻昱	湖南省知识服务平台助力区域协同发展
	中国编辑学会第五届理事会暨第二十届年会	贾晓巍	全媒体时代下的学术出版转型融合发展实践——以"人卫助手系列知识服务数字平台"为例
		孙佳、严定友	社交媒体时代出版社知识服务的范式转向
	中国核学会2019年学术年会	张书玉	核工业知识服务研究探析——面向读者的智慧图书产品
	"创新材料引领汽车发展新机遇"——2019中国车用材料（西青）国际论坛	中实国金、中国工程科技知识中心试验技术分中心	车用材料能力验证和知识服务
2020	2020·中国制造自动化技术学术研讨会	王坚	工业知识图谱与知识服务研究方向未来五年发展规划
	第十届上海国际图书馆论坛	李二红、雷向欣、朱汶羽	基于关键字图形化索引的人文数据挖掘——人文360知识服务平台
2021	2021年科教创新学术第二次研讨会	刘姿伶	关于大数据时代图书馆馆藏资源的跨媒体知识服务的探讨
	华南教育信息化研究经验交流会2021	李春雨	现代图书馆资源跨越融时代媒体呈现多元化知识服务路径

（2）我国知识服务研究重点

①图书馆。图书情报界引入并应用知识服务的理念，源于图书馆生存环境的变化。张晓林（2000）提出，跨入新世纪，随着知识经济时代和网络数字化的双重冲击，我们有必要重新分析（甚至重新定义）图书情报机构的核心能力和市场定位，使之适应新的用户需求环境、适应市场竞争，具有可持续发展潜力。图书馆新的核心能力即知识服务的能力。图书馆把原有的以藏书建设、文献编目、文献检索、文献流通阅览为基础的传统图书情报服务作为辅助性的后台服务以支持知识服务，而知识服务将是我们的旗帜、发展杠杆、市场卖点、竞争基础和利润所在。在这之后也涌现出越来越多的关于图书馆的知识服务研究，其中包括对高校图书馆、数字图书馆、公共图书馆、智慧图书馆等的研究。

高校图书馆是一所高校的信息中心，承担着大学学科建设以及院系科学研究的任务。高校图书馆要发展，要具备可持续发展的潜力，就要更新传统价值理念。在网络数字化的冲击下，传统的高校图书馆信息服务对用户的贡献程度已经变得有限，用户需要的是具有针对性，经过分析、处理的有序信息和知识成果服务。针对高校图书馆如何提高知识服务和创新的能力，学者提出了许多观点。孙树光（2018）认为图书馆服务的特征有高度专业性，体现个性化与针对性，服务过程具有交互性、创新性、广泛知识网络性。这是因为高校图书馆的服务对象具有多样性，包括科研人员、教师和学生三类群体。这三类群体使用高校图书馆本身具有不同的目的，分别是研究、教学以及学习，又因为专业众多，所以不同群体对知识服务的需求也不相同，他们对高校图书馆的知识服务能力提出较高的要求。而高校图书馆的知识服务工作存在诸多需要解决的问题，如图书馆数字化服务的质量不高、深度不够、有限定性，用户真正需求未被掌握，知识服务创新保障机制不健全，反馈机制尚未建立，后续服务跟不上，用户黏性不强，知识服务的优化提升难以实现，专业人才缺乏，现有文献资源得不到全面整合。柯平（2021）提出，在知识经济时代，图书馆的创新和变化是技术、需求、理论三大因素驱动的结果。由此，诸多学者提出许多改进图书馆知识服务能力的应对措施。大数据技术作为一种新兴技术，正在颠覆图书馆的服务模式。柯平提出最能体现图书馆知识服务能力的就是大数据分析报告。在大数据面前，图书馆自身要做数据的管理和开发工作。无论是公共图书馆还是高校图书馆，都需要加强大数据服务创新。张新娜（2014）提出利用大数据构建智慧图书馆，并对智慧图书馆建设内容进行了描述和分析，提出利用大数据强化图书馆人文关怀，维护并发展图书馆制度（包括对公共图书馆制度发展的影响），探寻基于大数据的图书馆知识服务平台建设路径，打造智慧图书馆。林晓南（2018）以浙江省高职图书馆为研究对象，提出高校图书馆可利用大数据技术加强资源整合和共享，促进馆际之间的合作与开发以提供个性化服务和特色服务，提高服务质量。姚远等（2019）认为，应当运用大数据技术、语义网技术，建立文献信息资源自动化元数据收割与挖掘的大数据仓储；建立知识关联网络、语义网络（学科知识图谱），可视化呈现知识网络；建立个人学术空间，构建读者学术画像，提供知识管理工具，感知和挖掘读者的隐性学术需求，进行智能学术推荐。

总结以上学者和其他学者的研究结果，除了大数据技术正在促进图书馆知识服务能力提升、服务模式改进以外，5G 技术、云计算、人工智能技术等现代科学技术也在不断改变图书馆知识服务建设内容。从"双一流"建设背景出发，还有学者对高校图书馆学科知识服务现状进行研究，构建了相应的学科知识服务能力体系，并给出能力提升的策略。

②智库。智库在国家发展中举足轻重，智库是党和政府科学决策的重要支撑。我国智库发展较晚，中国社会科学院等中央级智库机构是我国第一批现代意义上的智库。目前学者普遍认同的智库定义是：智库是以公共政策为研究对象，以影响政府决策为研究目标，以公共利益为研究导向，以社会责任为研究准则的专业研究机构。

2015 年以来，智库建设和研究迎来高潮，出版企业、高校纷纷成立出版智库，学者把出版智库作为主要的研究对象。出版智库是具有政策研究、决策咨询、公众认知和知识传播四大功能的知识服务组织。从目前我国出版智库知识服务内容来看，主要包括以下几类：一是专业服务。承接政府部门、企业的研究项目或自设科研项目，为政府、企业决策提供智力支持和咨询服务，如标准研制、专家咨询、行业趋势预测、项目策划、项目监理、数据分析、跟踪报告等服务，这是我国出版智库主要知识服务内容。二是培训服务。出版智库作为出版业专业研究机构，集中了出版业目前最新的智力成果，通过培训，面向知识服务对象提供专业知识服务，提高其业务水平和决策能力。三是会议和论坛举办。出版智库通过举办学术会议、论坛向政府、企业发布最新研究成果，公布最新研究动态，交流学术观点；政府部门、出版企业表达知识需求，促进交流合作。四是资源公开服务。部分出版智库通过网站平台链接、公众号推送等方式对外发布会议信息、智库科研成果、智库专家观点、统计数据等资源，如以 i 智库为代表的出版智库品牌。出版智库知识服务产品也具有多样性，包括学术期刊、数据库、移动平台、网站平台、蓝皮书。蓝皮书由一系列代表专家团队学术观点的权威报告组成，是智库专家研究成果的集合，具有极强的学术性和专业性。

学者也关注高校智库的研究，在这些研究中以高校图书馆为载体，以智库服务建设为内容，以政府、高校、企业为服务对象，以知识服务、信息服务、学科服务为建设手段或路径，对相关服务模式进行探讨的研究较多。同时，高校图书馆智库服务发展的方向与可行性方面的研究也是学者关注的重点。还有以知识服务为基础开展的智库服务，费晶（2020）认为，在新型智库建设背景下，高校图书馆应开展知识支撑、知识咨询、知识整合、知识转移、知识评价服务。公共图书馆智库建设作为其重要组成部分，呈现出良好的发展趋势，也成为学者的研究热点。朱新铭等（2019）以滨州市图书馆为例，提出该图书馆要积极推动图书馆新型智库知识服务的建设，探索符合自身情况的新型发展路径，找准定位，夯实基础，充实人才队伍，推广智库研究成果。

学者同样探讨了现代科学技术对智库知识服务的影响。朱波等（2019）分析了数据驱动对高校图书馆新型智库的作用，研究了高校图书馆新型智库知识服务内容，从数据驱动角度建立了新型智库的知识服务价值链，提出高校图书馆新型智库知识服务机制的构建策略。李大信（2018）认为，大数据技术的广泛应用使得海量、复杂、多结构数据的即时获取、精确分析、深度挖掘成为现实，为智库知识服务带来服务手段、服务理念、服务思维、服务基础、服务载体、服务管理等方面的改变，也带来很多服务增长点。大数据不仅为智库知识服务带来全新的技术、方法、平台、理念，帮助和促使人们通过数据整合、数据分析、数据挖掘来揭示数据的内在价值，实现智库知识服务价值的增值，而且给智库知识服务带来很大挑战。

③出版社。首先，出版社作为我国知识文化传播的重要纽带，承担着重要的社会使命和社会责任。不断提升知识服务水平对出版社来讲是义务和不可推卸的责任。随着政府政策的倾斜和支持，知识文化产业的发展已经上升到国家发展的战略层面。其次，数字出版产业规模的发展壮大，使得知识服务范围得到扩大、知识服务效率得到有效提升，可以说知识资源已经成为知识经济时代的战略资源，从知识经济的发展势头来讲，知识服务将成为各类产业优化升级的重要举措和必然选择。

出版社知识服务并没有形成统一的定义，但在其概念演进的过程中，出版社逐渐开始将其纳入运营范畴，且从关注产品设计转向重视产品内容。其间，区别于图书情报领域的创新也逐渐涌现。出版机构在单位性质、产业分工、业务属性上与图书情报机构存在着巨大差异。图书情报知识服务模式并不适用于出版业。出版业应当鼓励出版机构充分发挥内容生产的传统优势，积极拥抱互联网、借力互联网，以图书生产为切入点，优化知识供给模式，与互联网企业开展差异化竞争。

目前，关于出版社的研究内容大致可分为三类，即运作模式、产品形态以及技术要素。

关于运作模式，李宏艳等（2020）提出，随着市场竞争的日趋激烈以及大数据时代的到来，用户的个性化需求越来越强烈，因此，出版社知识服务的模式也需要从传统大众服务模式向精准服务模式转变，这样才能不断提升自身的竞争力以及服务水平。冯卫东等（2020）从知识服务视角对大学出版社提供知识服务的主体、客体、产品、服务场景等内容进行分析，研究目前大学出版社在提供知识服务过程中存在的不足之处，并提出知识服务视角下的大学出版社融合发展的一些方法。李广宇等（2020）从媒介融合的社会文化、组织、经济、技术发展四个层面结合传统出版社的业务实践，分析知识服务给出版融合带来的理念和路径变化，简要归纳出版社在知识服务发展过程中要注意的问题，并给出"三个打通"的合理化建议。

关于产品形态，学者大多关注大学出版社的产品形态。根据服务形式的不同，知识服务产品可分为四类：平台型知识服务产品、内容型知识服务产品、工具型知识服务产品、技术型知识服务产品。就现实中大学出版社的真实情况而言，大学出版社开发的知识服务产品均属于平台型知识服务产品和内容型知识服务产品。按照内容类型的不同，知识服务平台可分为教育知识服务平台、专业知识服务平台、学术知识服务平台、大众知识服务平台。对这四种知识服务平台，大学出版社均有探索。内容型知识服务产品相较于平台型知识服务产品，在投入和运营方面都更"轻量"。根据形态的不同，内容型知识服务产品可进一步细分为在线课程、融媒体图书等。冯卫东等（2021）基于大学出版社跨界合作不足的问题，提出大学出版社必须在充分理解和认知新传播环境的基础上，将知识碎片化、素材化、资源化，从而实现体系化、结构化，同时结合专业特色，充分挖掘母体大学资源，立体化开发能够满足用户场景化、系统化、碎片化学习需要的产品，以知识服务引领出版创新，探索数字时代出版业的发展模式。

关于技术要素，代杨等（2021）认为出版企业在知识服务领域中的核心竞争力是满足用户个性化知识需求、实现精准服务的能力。因此，他们提出从需求、技术、伦理等角度考察，出版企业可以把用户画像运用于知识服务，通过对相关数据进行选样采集、分析处理、建立标签、聚类和可视化呈现，准确地了解用户的知识需求。贾晓巍（2021）通过对知识服务的发展阶段以及分类进行观察，提出智能化时代知识服务的四个属性，即意识形态属性、文化属性、产品属性和技术属性。基于此，贾晓巍分析了传统出版单位在智能化时代知识服务中的价值和作用，并提出转型的建议。传统出版单位应该在智能化时代抓住机遇，通过机制体制创新为内容与技术的深度融合创造良好的环境和氛围，打造智能化时代的新知识服务体系，为提升智能化时代场景下的知识服务能力作出应有的贡献。其他学者也讨论了其他技术要素对出版社知识服务的影响，如雷晓艳等（2020）分析了人工智能时代出版业智慧服务转型的关键要素和实践模式。

2.1.3 知识服务研究存在的问题

通过对知识服务的文献进行梳理，我们发现知识服务研究已经取得一系列的成果。按照知识服务组织进行归类，研究对象包括图书馆、智库、出版社；针对以上研究对象，研究内容包括知识服务内涵、特征、目标等基本理论研究，还包括知识服务模式、技术冲击、内容创新等多方面内容。研究具有多样性和层次性，但仍然存在不少问题。

一是对知识服务的实践成果研究较少。对图书馆、智库、出版社的相关知识服务研究大多停留在理论层次，学者结合具体案例开展的研究有限。例如，对智库知识服务模式的研究多是一般的定性描述，在现实中真正适合智库知识服务具体模式的研究成果较少。知识服务的理论研究很丰富但是与实践脱节，缺乏应用价值。

二是研究方法有待改进。目前学者多采用定性研究方法，主要对相关概念、特征、发展模式等进行归纳总结，研究缺乏现实数据的支撑。

三是知识服务的学科体系建设落后。虽然知识服务研究已经在我国有了多年的历史，其理论研究已经比较丰富和扎实，但是知识服务理论的系统架构并没有搭建起来。这使得已有的理论并不能很好地被知识服务的提供主体理解并应用到知识服务工作中去。

2.1.4 知识服务研究的展望

学者一致认为一门学科未来的研究趋势、热点与方向，往往取决于社会的现实需求和研究的价值目标。结合前文的文献分析结果，我们能对相关研究的未来发展趋势进行较为准确的把握和预测。本书的预测结果如下：

一是智慧化服务应用技术的创新与变革研究将受关注。大数据、云计算、人工智能、移动互联网等新一代信息技术改变了原有的知识服务模式，与知识服务相关的新技术、新路径、新用户、新需求研究将持续受到关注，以期形成高效的知识服务过程，帮助用户个体与群体开展智慧活动，为其提供个性化、专业化、精准化的知识产品。

二是知识服务对象的特征和范围研究将持续深化。已有的研究成果大多还是将高校教学和科学研究作为主要的研究对象。但是随着国家关于出版社和智库发展相关政策与文件的出台，知识服务对象开始社会化，知识服务对象的范围不断扩大，知识服务对象的需求、特征等会发生改变，相应的知识服务对象的特征和范围研究将不断深化。

三是学科服务作为该领域长期以来的热点话题，其研究将不断向纵深演化。在我国建设世界一流大学和一流学科（以下简称"双一流"）的战略背景下，服务于"双一流"建设的学科知识服务研究和决策咨询服务研究将成为未来的重要研究方向。

2.2　关于出版融合

2.2.1　出版融合的内涵、现状与趋势

（1）出版融合的内涵

王军（2019）认为，出版融合的实质是在信息技术和读者市场的双重驱动下，传统出版、新兴出版及关联非出版组织，发挥各自优势，推动关联业态彼此融通并不断创新，从而实现技术、组织、经济、文化等的动态演化。曹继东（2016）试图针对我国出版业转型的方向、路径与策略，提出出版社应在媒体融合中找准自身方向和空间，构建全媒体产业链，开发新形态出版物。政府部门应顺应媒介融合条件下的传媒发展规律，制定合理的产业政策，创造更有利于出版业发展的条件。郝振省（2020）认为，融合发展既是对新闻出版规律的遵循，又是对互联网技术等新兴生产力发展规律的遵循，我们应当建设技术先进、立体多样、融合发展的主流新兴媒体、新兴媒体集团和现代传播体系。

郭满庄（2020）认为，出版媒介融合能够使得原有的各种媒介在产品方面和服务方面的差异逐渐减小。出版媒介融合能够优化不同媒介之间的信息传输方式，给予媒介用户以良好的体验，不断满足人们的信息需求。于殿利（2020）认为，新的数字传播技术正在抹平出版与媒体的种差，这突出表现在新的数字传播技术正在制造全息社会、图书媒介与新闻媒体不断融合、新媒体情境下互联网出

版的媒体舆论作用更加突出三个方面。刘晓嘉（2016）认为，媒介融合和出版融合尚未实现真正的融合，因此，要实现真正的融合，就需要在宏观层面强调出版规制的融合，在中观层面强调出版组织的融合，在微观层面强调出版内容的融合。

（2）出版融合的现状

高萍等（2020）认为，现代纸书平台化横向密集型出版的知识服务模式是由作者、编辑与读者用户等出版要素交互协同建立起来的。张新新（2020）认为，数字出版的发展需要在出版学一级学科设置的时代背景下，完善二级学科建设，创新基础理论体系，发展应用理论体系，及时推进数字出版宏观调控体系的重塑与升级，持续推动数字出版市场调节体系的优化与完善。周百义（2019）从三个维度审视传统出版与新兴出版的融合发展，发现无论是传统出版还是数字出版，都应考虑出版的功能与属性，保证统计数据的科学性，统计数据使用人员应当保持冷静的头脑、看到存在的问题。厘清思路、寻找方向、拓宽路径，有助于推进编辑出版学的学科建设和实现统计权威性。王强（2020）认为，传统出版单位在出版融合中还存在主动观念尚未形成、融合水平低、融合的盈利路径和商业模式尚未形成以及复合型人才不足等问题。张盈盈（2020）基于我国传统出版业融合发展的现状，指出出版融合发展过程中存在的问题，并结合教辅出版领域在出版融合方面所做的探索，认为未来教辅出版融合发展应当注重智能化的新动能、IP化的新途径以及产品经理角色转型。王君（2020）对媒体融合下的出版转型发展模式展开分析，认为传统出版业应当结合网络技术的独特优势，找准自身在产业链中的定位，并从思维转变上推进媒体融合，应该从本质上实现转型，跨界合作，丰富产品。

朱胜龙（2020）认为出版业应全方位、多触点地融入社会的政治、经济、文化和生活领域，发挥专业服务优势，延伸产业链，在更广阔的领域中链接资源、整合资源，实现自身高质量发展。魏如萍（2019）认为，当前学术图书还存在缺乏统一的技术标准、尚未建立完善的制度体系、缺乏足够资金支持数字化技术的问题。要促进学术图书数字出版的发展，出版业就要积极转变观念，提升出版人的能力，建立数字化数据库和完善同行评审制度。黄先蓉等（2020）进一步探索融合发展背景下出版领域知识服务研究新进展，主要从出版领域知识服务现状、模式、技术赋能、发展路径等方面展开，以期为更好地推动我国出版领域知识服务实践提供参考。黄仪萱等（2020）列举了一系列出版融合的成功案例，这些案例表明中国出版业由单纯依附技术、被技术牵着鼻子走的盲目探索阶段，进入立足出版业特质、消化利用新技术的新阶段。黄仪萱还认为，"出版融合"以"出版"为主导词，强调的是出版业的主体作用，相比于以前，中国出版业已逐渐走出技术迷局，真正确定了自身的发展方向。

（3）出版融合的趋势

杭玫（2020）强调，传统出版业应当转变选题策划的线性思维模式，加快转型升级的步伐，强化自身在内容生产方面的天然优势，把内容优势和品牌优势最大限度地转化为市场优势和产品优势。赵宏源（2020）就目前业内对融合出版的内涵解读存在扩大化倾向、边界模糊等问题进行分析。他认为应从内容生产者与使用者连接路径的变化入手进行考察，指出融合主要表现为出版产业与传媒产业之间的融合，边界并未继续延伸。徐东等（2020）探讨了全球出版数字化转型和融合发展的现状及特点，从顶层设计、理论研究、技术推动等方面出发，认为我们在数字出版融合发展过程中应当避免将同质化的内容搬运到数字化平台并且应当辩证地看待新旧媒体，通过内容、资源和技术的整合以及业务联动，形成新老出版形态互相支撑、共生共赢的局面。谭蓉蓉（2020）认为，我国出版业的知识服务大多在知识资源的开发与整合、知识产品的形态设计和营销模式创新上存在不足，互联网是提高出版物内容价值与知识服务水平的有效手段。

2.2.2 出版融合的动因

技术进步是出版业发生变革需要考虑的根本因素，如罗章莉（2020）认为，在第五代移动通信技术（5G）时代，出版单位应抓住政策机遇和 5G 等迅速发展的机会，加速与新兴技术的融合，实现"一种内容、多种产出"的价值挖掘，真正推动信息社会建设，保障新技术时代的知识安全和国家文化安全。李蕾（2020）认为在"互联网+"的新时代，各行业转型升级、融合发展势在必行，增强现实（AR）技术、虚拟现实（VR）技术、可视化、交互技术等新技术的出现，能让图书内容更加鲜活。传统图书编辑要成为多面手，运用多种技术进行多个信息载体的相互转换，生产加工多形态、多媒介的图书产品。薛倩琳（2020）认为，在大数据背景下，要想促进传统媒体与新媒体的融合发展，就要建立完善的媒体融合管理体制，增加传统出版与新媒体的交流互动。同时，相关企业要充分考虑融合发展形势，为人们提供更加便捷的媒体传播途径。王晓红（2020）在探讨短视频与深度融合的关系后，试图为融合出版的视频化策略提供一种新思路，认为短视频对融合出版的作用可能是局部的、微观的，但是，透视并把握短视频传播的内在机制，有助于我们更深刻地理解 5G 时代视频化表达所形成的内容生态，提升与融合发展相匹配的专业技能。

张长举（2020）认为，基于二维码而产生的融合出版还存在二维码样式和功能单一、识别效果不稳定、内容质量低、侵权隐患暗含等问题。由此，出版单位要进一步丰富二维码链接的内容载体，提高出版质量，加强版权保护。曹继东（2014）认为融合出版是建立在数字化技术和互联网平台基础上的新兴出版范式，互联网思维是探索融合出版商业模式的核心命题，层出不穷的各类新兴商业模式是在融合出版动态变化过程中出版业的阶段性发展成果。刘永坚等（2020）以 RAYS[①] 为例，从社群运营服务、大数据、内容精准投送及多角色的知识技术服务链四个方面深入分析了其技术创新模式，并阐述了其技术创新模式对未来出版融合产生的影响。马双（2020）提出将 AR 技术融入传统出版中，使立体的 AR 内容与纸质图书相结合，并且应当从团队建设、技术选型、内容建设、管理机制等方面，找到 AR 技术与传统出版的最佳契合点。

用户群体的变化是推动出版融合的重要因素之一，如朱松林（2015）

---

① RAYS 是英文全称"Readers at Your System"的缩写，意为"读者在你的系统中"，它是由 DGG 数传集团研发的一套完整的媒体融合解决方案。

将互联网思维中的用户观念与商业模式构造块理论相结合，从内容、渠道、平台、经营、管理五个方面，探讨利用用户观念来推动传统出版和新兴媒体深度融合的路径。

2.2.3　出版融合的策略

为解决传统出版业与数字出版及互联网技术融合的问题，大量学者进行了研究，其中部分学者认为应当强化数字出版平台的建设，如谭彩霞等（2020）认为我国的图书出版业目前面临着传统图书出版企业的数字出版平台和融合渠道建设不够完善、纸质图书的用户流失、图书出版零售市场的线下销售份额逐渐减小、传统图书出版者的技术竞争力较弱、复合型数字出版人才缺乏等问题，应当通过建设数字出版平台、创造图书出版的核心内容价值、掌握尖端的高新技术、加强对新形势下新型出版人才的培养等方法进行解决。周红通过对中国矿业大学出版社有限责任公司进行案例研究，指出传统出版社只有顺应数字化改革大潮，在传统出版的基础上加强技术研发、强化平台建设，才能在出版业数字化转型中抢占先机，实现社会效益的最大化。敖然（2020）认为，融合发展工作既要关注技术研发、成果应用、资源整合，又要积极构建全方位、多渠道、更便捷的交流合作服务平台，推广更多的融合发展典型案例，进一步争取融合发展的政策支持，进而推动行业的改革和发展。

一部分学者认为应当完善相关机制与优化流程，如方明（2020）认为，伴随着媒体融合的深化，图书质量管控出现新问题，因此管理者必须增强出版物质量管理意识、构建出版物高效管理机制、打造高素质的出版物质量管理队伍、优化出版物的全线制作流程。苏强强（2020）针对互联网时代传统出版与新媒体的融合进行探究，认为传统出版与新媒体应当在出版内容、发行渠道、平台与品牌效应等方面进行融合，并针对出版流程进行优化。曹娅（2020）认为，传统出版与新媒体的融合既是行业发展的趋势，也是消费者在消费习惯改变后的新需求。两者融合发展需要出版企业制定合理的扶持策略、消除传统出版与新媒体之间的发展障碍、完善相应的出版机制、重视优质数字出版人才的培养。薛倩琳（2020）针对当前传统出版中存在的创新力不足、产能过剩、发行渠道狭窄、专业人才缺乏等问题，从融合发展方向、融合发展方法等角度提出了解决方案。

一些学者认为，应该注重融入新技术手段，以更好地促进出版融合，如王亮等（2020）认为，出版业应该根据第四代移动通信技术（4G）或第五代移动通信技术（5G）过渡的不同时间段，以目标群体和应用层次为切入点，在方向选择上，选择既符合国家政策和行业规划，又符合自身发展需求的 5G 应用场景；在自身转型上，应深入出版市场细分 5G 领域、建设并积累数字资源、积极进行运营管理和人才队伍建设以适应自身在过渡时期的发展策略。周卓（2020）认为基于 RAYS 的现代纸书体系，为传统纸书的出版提供了新的模式和方向。周金辉等（2019）认为，将多媒体技术引入原创出版产品，能够充分融合动画片与多媒体印刷读物（MPR）的优势功能，立体化打造产品知识产权（IP），带给读者多样的阅读体验。钟蕴华从选题策划、项目申报、作者团队、内容涉及、媒介融合以及 IP 运营等方面分析了岭南文化有声图书出版的策略，找到了地方特色传统文化精品出版的可持续发展道路。刘琳（2020）认为，面对互联网的冲击，传统出版业亟待转型。作为出版融合发展新方向的现代纸书，其应发挥自身优势，深入了解用户行为、挖掘数据价值、构建出版生态平台、促进内容增值。郑晨阳（2020）认为，面对互联网技术的高速发展，出版人要积极拥抱互联网，着力提升素养，做好内容和技术的融合工作，提高数据整合能力，做大做强出版业。吴敏（2020）认为，数字出版融合发展的策略包括：促进新一代信息技术全方位融入出版业产业链，推动数字商业模式的各维度融入出版业运行环节，实现数字经济价值深层次融入出版业盈利模式。

一些学者认为应当更加注重产品方面的问题，如李艳华（2020）认为，出版企业要注意将电子书、数据库与出版平台作为出版融合重要的产品形态，完善出版产业链、提供增值产品与服务，坚持技术外包和并购的主要路径。崔颖（2020）提出，在互联网技术飞速发展的背景之下，传统出版应与新媒体在知识产品内容层面、出版方式层面、品牌融合层面以及受众群体思维模式层面等进行融合发展。刘佳（2018）认为在传统图书编辑的技术变革大潮流中，出版企业应当认清媒介的特质，把握原创内容，积极开展跨媒介融合出版创新工作，探索出版融合发展的可持续性。

还有学者针对传统出版与数字出版融合的思路提出了相应的策略，如刘闯（2020）讨论了传统出版与数字出版融合的状况，并从内容、产业、人才等几方面提出改进建议，认为数字出版的技术优势与传统出版的内容优势互补，将优质文化产品通过信息网络渠道广泛传播出去，实现产业链的有机融合，更能促进两者共赢发展模式的构建，推动文化市场的现代化建设。那明（2020）分析了传统出版与数字出版融合的相关问题，并从传统出版向数字出版转型是出版业必须经历的过程、编辑自身素质和能力的提高是传统出版和数字出版融合发展的内部条件、数字出版促使原有出版产业链与现今产业链融合发展等方面对问题进行了探讨。张静（2020）认为传统出版可以为数字出版提供内容渠道，数字出版可以为传统出版提供传播渠道，因此数字出版与传统出版的融合也是构建现代出版体系的基础。杨雅云（2020）认为在数字出版与传统出版产业链的融合过程中，首先应在传统出版思维理念中融入数字化思维，实现思维观念的融合；其次应充分利用网络优质图书资源，优化图书出版模式，加速传统出版业的转型，使之适应市场需求。为了促进数字出版发展，一些学者提出了培养和引进复合型数字出版人才，以促进数字出版产业链一体化发展。刘家益等（2020）针对融合出版时代出版机构在数字内容资源管理方面面临的严峻形势和挑战，结合数字内容特点，提出数字内容资源管理的资源不上网、资源不出社、资源传输加密留痕 3 个基本原则；梳理和分析数字内容资源管理的安全风险点，提出包含硬件防护、资源管理系统防护、传输机制、管理制度"四位一体"的数字内容资源管理策略。夏显夫（2020）认为图书出版业既要遵从社会环境的变化，保持传统图书出版的优势，又要采取与新媒体融合发展的模式。现代图书出版业的创新发展和产业升级需要与新时代的多种元素相结合，需要借助人们的互联网思维和数据化思维来实现，这是时代发展的要求，也是图书出版业在新时期面临的重要机遇，是传统发展与现代思维的融合。贾海燕（2020）认为出版企业要想实现媒体融合，就需要坚持新旧媒体融合的思维，将传统出版模式和新媒体技术结合起来，更新生产方式，培养互联网及用户新思维，满足社会大众对文化市场的不同需求，优化出版传媒理念，创新出版思维，坚持精准、精细、精品出版，应用新技术，提升内容价值，实现出版业质的转型。

本书认为，出版融合应用在多个领域。例如，张莉婧（2020）认为，当前数字出版面临审核成本高、效率低等问题，出版业应该采取严把意识形态关、统一审核标准、完善审核方式、推行培训机制等多种审核方式。魏小薇（2015）认为，在媒介融合和消费文化的语境下，传统图书出版不仅要面对出版社之间的竞争，还要应对网络媒体盛行和新媒体兴起的境遇下影视媒体、网络出版等带来的冲击，出版企业应当利用这些媒体元素来促进自身的变革和发展。魏玉山（2020）认为，要使出版融合高质量发展，首先需要把内容创造与创新放在首位，走可持续发展之路；其次要控制规模、调整结构，走高质量发展之路；最后要加快新技术运用与新产品开发，借助以数字化、网络化、智能化为基点的技术加速出版融合。利用第五代移动通信技术（5G）为用户筛选海量信息，提供专业、精准的知识服务，让人工智能在包括创作、编辑出版、印刷、销售及阅读在内的全产业链中大有作为，使出版产业成为智能产业。

出版融合也会与高校教材教育相关联，如李长真等（2019）认为，高校教材融合出版的发展对策主要体现在，整合高校教材出版资源，完善出版规划，吸纳数字前沿技术，拓展教材个性化服务，建设融合出版人才队伍，兼具学科性与专业性，重视融合教材出版售后服务，保障出版可持续发展。饶国慧（2020）认为基于混合式学习的教材出版融合创新，应当依托传统教材出版优势，结合新理念、新技术、新要求对教材产品进行创新布局，在产品内容上为混合式学习的开展提供多样化的学习素材和系统化的学习资源，在产品服务体系上为混合式学习的开展提供多元化的服务和途径，在产品设计上为混合式学习的开展提供智力支持和技术保障。俞湘华（2020）认为，主题出版面临触达方式少、触达时效慢、内容形式单一等问题。在 5G 时代，出版从业者要把握社会对主题出版的新需求，提升资源整合能力，创新开发新产品，布局新业务，探索新商业模式，积极推进主题出版的融合发展。宁良凌（2020）认为主题出版需要从盘活存量、优化增量、创新管理入手，运用好用户资源、出版资源，将主题出版推向更高更广阔的平台。

2.2.4 疫情之下的出版融合

钟华（2020）认为，要助力打赢新冠肺炎疫情防控阻击战，需要通过线上线下出版渠道，加强正面宣传引导，从图书出版、新媒体和数字产品等多角度发力，推进融合出版，对外讲好抗击新冠肺炎疫情故事，对内提供多种形式文化产品和服务，为夺取战"疫"的胜利贡献力量。刘中飞（2020）通过探讨新冠肺炎疫情防控下数字出版业为社会大众提供各类数字出版融合产品所展现出来的现状与问题，认为在未来，传统出版社应充分挖掘自身优势资源，深耕优质内容资源，进行数字出版布局，顺应数字出版融合发展趋势，满足用户多元化、多层次、细分化、多应用、场景化的内容资源获取需求，推动数字出版融合发展迈上新台阶。

孟豫筑（2020）梳理了 2020 年新冠肺炎疫情发生以来出版行业的主要成果与特点，包括内容专业、特色突出、形式多样、传播广泛，并针对其中同质化程度高、创新欠缺及渠道掌控力不足等问题提出相应的对策，认为应当高度重视内容生产和服务，加强组织和业务流程管理，着重搭建专业知识平台，充分发挥市场机制作用。

2.3　关于融合发展路径

2.3.1　媒体融合研究

萨尔茨等（Saltzis et al., 2008）指出，趋同意味着将不同的媒体、行业和产品汇集在一起，它在三个层面发挥作用：网络（信息高速公路）、制作（写作、出版）、随处可见（向单个设备聚合）。媒体融合进程的推进主要得益于以下三个因素：数字化、放松对媒体管制的通信市场、用户偏好的变化。学者们认为出版业的融合与转型是以各种媒介为基础的趋同。从经济角度看，趋同还指企业的兼并、收购和战略调整；从技术角度看，趋同意味着技术创新、技术系统朝着相同的方向发展。

2.3.2　出版业转型研究

进入 21 世纪以来，科技的发展消除了新媒体与传统媒体之间的隔阂，不同类型的媒体并存、融合。在过去，出版参与者主要是国营出版商和书店。但现在，信息技术（IT）将书籍扩展到内容产品，各类企业纷纷加入出版业，如电子商务企业、互联网企业、通信企业、搜索引擎企业等。出版从传统出版模式向网络出版模式转变；发行正在从传统书店发行模式向现代书店发行模式转变，最后发展到网上书店O2O模式，形成线上线下一体化。

（1）寻求合作

国外的大多数出版商都被更大的媒体企业所兼并。类似的整合浪潮同样出现在批发配送端的业务中，因为那里的利润率已经很低。在美国，由于一系列的合并和对出版业进行的收购，内容扩张变成了某种形式的"数字娱乐"。1994年，维亚康姆集团收购派拉蒙影业公司，包括出版商——西蒙与舒斯特。收购出版企业的大型传媒集团——豪斯这样做的目的是利用两家公司之间的协同效应发展他们的媒体业务。贝塔斯曼花费数百万美元建设电子商务通基础设施以及在线商店，其目的是利用图书俱乐部促进图书的销售。这些收购出版社股权的公司可以改善内部出版环境，出版社也可以从中不断学习。例如，西蒙与舒斯特同电子出版供应商美国赛阅公司（Overdrive）合作，以四种电子书格式分别发行其图书。有学者提出，新进入者应促进跨行业发展融合，而不是在现有的传统出版业中止步不前。

（2）商业模式转型

与其他创意产业一样，图书出版业正在经历从模拟技术到数字技术的转变。这种转变挑战了现有的商业模式，并促使企业重新审视他们的产品组合和核心竞争力。商业模式变革有四种不同的类型，即商业模式创建、商业模式扩展、商业模式修订、商业模式终止。

有学者研究了芬兰出版业，并指出企业文化越开放的出版商，他们越有可能创新商业模式。因此，新进入者一般能够开发新的商业模式并触发行业变化。他们坚持认为出版业将经历媒介的横向整合与纵向解体、媒体内容和服务的融合和模块化，产业结构将被调整，产业边界将被重新界定。随着时间的推移，环境会变得更加复杂，新旧模式并存，但最终这些模式将慢慢融合。然而，这些变化是一个持续不断的过程，产业结构和商业模式的发展是钟摆形的，而不是单程旅行。从传统出版到数字出版，再加上物联网、平台化应用等，供应链将向新模式——智慧出版模式转变。智慧出版模式下的供应链将提供个性化的产品和服务。

此外，一些出版商已经从简单的内容出版人转为人们学习的促进者。例如，教育出版社的传统做法是提供一份学习计划并出售相应的书籍、作业本等给学校。但如今，教育出版社已经从简单出版向知识服务转变了。类似地，科学出版领域出现了新的变化，这种转变可能比教育领域更为猛烈。信息技术的突飞猛进让科学出版商提供知识管理服务。尽管如此，但并不是所有人都同意数字化将从根本上改变现有的出版商业模式的观点。一项对澳大利亚出版业数字化的研究表明，数字技术存在一定的潜在破坏性，出版商可以利用数字化技术改变商业模式。支持这一观点的一个趋势是传统出版商主要与在线书商合作。跨越出版业的一系列商业模式包括传统的、混合的和全数字的商业模式。在这种情况下，要实现供需平衡，其关系将发生变化。在数字时代之前，出版商关注的是供给侧，但现在他们强调需求侧。新的印刷技术能做到按需印刷，可以控制较少印刷数量的合理成本。按需印刷还可以让书店保持低库存，降低库存成本。

（3）技术革命

目前，人工智能技术的应用已经成为出版业的一个重要领域。人工智能技术越来越多地应用于内容创建、审核和通信预测、操作、推荐、交互等方面。出版界的当务之急是利用机器学习和人工智能技术来发现和解决复杂的问题，随着数据的不断积累，最终在已经掌握的大量数据中创造知识。例如，北京福码科技有限公司可以使用人工智能技术和自动布局分析的机器学习技术，进行图像采集、注释、语音识别、语义分析，以及提供面向出版业的对象识别和知识索引服务。区块链技术可能是数字内容产业创新发展的新动力。公开、透明的区块链技术具备可追溯性，有助于形成基于可靠数据的多方合作的信任机制。这种机制可以安全存储交易信息，优化交易流程，减少传统程序中的复杂步骤，促进数据共享和提高交易的透明度，从而以较大的优势提升交易效率。版权是数字内容的核心资源，而区块链技术、人工智能技术和加密技术，可为版权保护和交易提供技术保障。人们可以通过算法、跟踪和记录来确认产品版权交易的整个流程，有效地避免侵权行为。

王彪、毛文喜、李光裕也提到5G将为出版业的整合和发展带来巨大的创新潜力，为企业发展提供更为有利的条件。新技术、新媒体在出版领域的应用，将带来真正的沉浸式体验。3R技术[1]将是游

————————

① 3R技术指虚拟现实（VR）技术、增强现实（AR）技术及混合现实（MR）技术。

戏、新闻媒体、数字教育及其他领域研究和投资的重点。

（4）建立出版共同体

出版业的新商业模式拓展了出版业的经营范围及出版商的活动范围。出版商利用各种方法对其提供的内容进行个性化定制。他们围绕产品，建立起一个虚拟的社会，以达到其目的。此外，越来越多的读者加入社区，成为内容的创造者。一种新的出版形式正在兴起，出版业的营销成本预计将下降到接近零。

从以上理论研究中可以看出，科技将为出版业的整合和发展带来巨大的创新潜力，为企业发展提供更为便利的条件，新技术、新媒体在出版领域的应用为出版业带来了从模拟技术到数字技术的转变。这种转变挑战了现有的商业模式，一种新的出版形式正在兴起。

2.3.3　融合时代出版业面临的问题研究

在过去的十年里，出版业发展迅速。体验、沉浸、品味和深入式的阅读已经被碎片化的阅读所取代。即使是所谓的深度报道也会因为没有精读而不会引起人们的兴趣。市场的混乱为从其他行业进入出版业的人提供了机会。莱米宁等（Leminen et al., 2016）认为最重要的角色转变是作者成为与出版商对抗的自主发布者。事实上，对于作者来说，互联网提供了一种与读者群体直接互动的平台，他们能够绕过"实体"出版组织自由发布信息。

对出版业面临的问题，学者们认为数字化进程对传统媒体产生了冲击，传统出版业在媒介融合下处于劣势，传统出版范式正迅速被淘汰。中国出版业因产品结构简单而对环境的依赖性较强。

　　基于以上文献综述，我们认为，知识服务视角下的大学出版社融合发展的基本概念及内涵如下：

　　（1）知识服务

　　知识服务是指以专业知识内容和搜索查询互联网信息为基础，为用户提供有用的信息和知识。知识服务是一种新的网络应用理念，是指对信息进行处理，通常包括信息采集、信息过滤、信息分类、信息摘要、精华萃取等，以及运用交互式方法为网络用户提供服务。

　　知识服务的提出与知识管理等概念的提出与技术的发展密切相关，且知识服务的内涵在不断发展变化之中。

　　①知识服务是用户目标驱动的服务。

　　②知识服务是面向知识内容的服务，它非常重视用户需求分析，根据问题和问题环境确定用户需求，通过信息的提取和重组来形成符合需要的知识产品，并能够对知识产品的质量进行评价，因此又被称为基于逻辑获取的服务。

　　③知识服务是面向解决方案的服务，它关心并致力于帮助用户找到或形成解决方案。

　　④知识服务是为用户解决问题的服务，贯穿用户捕获、分析、重组、应用知识的全过程，根据用户的要求来动态地和连续地提供服务。

　　⑤知识服务是增值服务，它关注和强调利用独特的知识和能力，对现成文献进行加工，形成新的具有独特价值的信息产品，为用户解决在其自身知识和能力范围内所不能解决的问题。

　　（2）出版融合

　　2021年5月，国家新闻出版署印发《国家新闻出版署关于组织实施出版融合发展工程的通知》，启动实施出版融合发展工程。该工程是一项推动出版深度融合发展的创新性举措，旨在引导出版业大力实施数字化战略，系统性推进融合发展，实现传统出版与新兴出版深度融合，为文化强国、出版强国建设贡献新的力量。通知强调，推动出版业深度融合发展是一项系统工程，需要全面推进和重点突破相结合，在全面规划部署出版业融合发展的同时，以出版融合发展工程为重要抓手，聚焦重点领域和关键环节打造示范样本，引导带动全行业深化认识、提高站位，主动推进、系统谋划，形成融合发展、高质量发展的内驱动力和有效行动。

出版融合体现出以下特点：

①出版业将再造适应融合出版的生产流程，重构基于融合出版流程的组织模式，有效利用各种生产要素、媒介资源，出版融合将进入加速发展期。

②现代纸书体系引领出版融合新生态。现代纸书体系已经初步解决了出版融合方向和基础架构问题，将持续发力深度重构出版产业链。

③出版智能化将进入快速发展阶段。出版业将构建出版融合大数据应用场景，具备更多样的数据分析处理功能。

④传统编辑转型为扮演产品经理角色的现代编辑，以用户需求为中心，既懂内容又懂互联网产品设计，熟练掌握产品经理的基本技能，如内容生产能力、技术应用能力和市场运营能力等。

⑤融合发展成为出版业走出去的新动能。基于出版融合发展理念的走出去战略成为出版业的战略选择。走出去战略通过推动人才建设、内容创新、平台管理、渠道经营等融合发展，打造国际化的出版高地，为中国出版业走进去赋能。

⑥出版融合产权体制和组织机制的改革不断深化。

⑦出版融合商业模式不断完善和丰富。一些出版单位已经探索出比较成功的商业模式，如增值服务模式、IP 开发模式、文旅融合模式、出版金融模式等，这些模式将继续完善规范，并得到推广和普及。此外，产业的跨界融合和新兴技术也会催生新的产品形态和商业模式。

⑧以融合理念做好主题出版工作。出版业将围绕关乎国家发展的重大理论、热点事件和重点题材等方面，以融合理念开展一系列的主题出版活动。

（3）出版融合路径

随着经济社会，特别是信息技术的飞速发展，出版融合路径越发多样化，方式越发智能化、大数据化。

本章小结

本章是文献综述，主要厘清了相关概念、理论，阐明了研究的现状、存在的问题。本章对知识服务、出版融合及融合发展路径进行了综述；总结了知识服务的发展过程及基本理论、研究主题、研究重点、存在的问题，并对知识服务的未来发展进行了展望；对出版融合的内涵、现状与趋势做了归纳，探讨了出版融合的动因、策略，并对新冠肺炎疫情下的出版融合进行了研究；对出版融合路径选择的现状进行了分析，对出版融合路径的理论进行了整理、总结，对出版融合路径的实践提出了尝试性建议。

3 大学出版社融合发展内部机制研究

为积极贯彻习近平总书记关于媒体融合发展的重要讲话精神，进一步提高出版业在信息化条件下的影响力传播力和竞争实力，推动出版业更好更快地发展，国家新闻出版广电总局、财政部于 2015 年 3 月 31 日联合印发《关于推动传统出版和新兴出版融合发展的指导意见》（以下简称《指导意见》）。《指导意见》明确了推动出版融合发展的基本原则和工作目标，要求必须始终坚持正确政治方向和出版导向，始终坚持把社会效益放在首位，坚持传统出版和新兴出版优势互补、此长彼长、一体化发展。推动出版融合纵深发展，目前已经成为国家和整个出版业的共识。出版融合发展，是新闻出版战线贯彻落实党中央媒体融合发展战略部署的重要举措，是新形势下新闻出版领域的基础性、战略性工作。在此背景下，为切实推动传统出版和新兴出版在内容、渠道、平台、经营、管理等方面深度融合，大学出版社内部必须形成与之相适应的组织结构和内部管理机制。

2018 出版融合发展促进大会暨高峰论坛的举行也确立了中国出版业融合发展的新风向标。原国家新闻出版广电总局副局长邬书林表示，出版融合发展理念已深入人心，并成为行业共识。大学出版社要实现真正的出版融合，就要实现新老媒体的融合，以及依靠运行机制和管理体制的支撑。

3.1　内部机制现状分析

大学出版社的内部管理涉及方方面面，包括选题管理、编务管理、生产管理、经营管理、物流管理、财务管理、人力资源管理等。大学出版社的内部管理机制在图书产品研发和市场营销中起着纽带和杠杆作用，这就要求大学出版社充分重视内部管理机制的调节功能。

不合理的组织架构和落后的管理机制，阻碍融合发展进程。在当前融合出版浪潮中，多数传统出版单位仍受制于不合理的组织架构与僵化的管理体制，总体落后于阅文集团、中文在线、咪咕阅读等新兴出版单位的步伐。组织架构上，传统的金字塔式结构具有反应迟缓、力量分散的缺点，易产生职能"缺位""越位""错位"等现象，并在产业链条诸方面呈现不同程度的分离和割裂，致使良性联动运营的生态系统无法形成，很难适应出版融合新形势下的变化需求。管理机制上，国有企业的文化氛围倾向保守，单一股权结构缺乏竞争力，影响人才积极性；浮于表面的统筹规划与措施，以及落后的管理技术手段，也会造成信息孤岛、数据割据现象，阻碍融合发展进程。2018 年，国家相继印发《中央文化企业公司制改制工作实施方案》《关于加强和改进出版工作的意见》和《图书出版单位社会效益评价考核试行办法》，持续强化改革顶层设计与总体规划，这表明推动国有出版社组织架构调整和管理机制改革已经成为出版融合深度发展的必由路径。未来，出版业要在组织机制、人才激励、考核制度、运营管理等方面进一步深化改革。

本书认为，可以从组织形态、管理效率、激励机制、沟通机制、培养机制等方面实现内部管理机制的调节功能。同时，大学出版社必须充分保证内部管理机制的有效性，提高执行力，确保通过内部管理机制的有效性来协调图书产品研发的有效性和市场营销的有效性，从而使得整体工作能够真正达到完成最终任务的目标，并同时将图书产品研发和市场营销两方面主体工作的关系提升到一个更为密切、更为和谐的层次。

3.2　内部机制面临的问题与挑战

目前，我国数字出版技术还不成熟，再加上传统出版社的盈利方式仍然以传统的纸质图书营销为主，导致传统图书出版与新媒体融合的动力不足。传统思维的路径依赖制约了融合实践，导致出版业尚未建立从选题策划到内容分发、衍生开发的完整数字出版产业链。数字出版更多是成熟的传统出版产业链条末端的一个环节，本质上仍未跳出传统市场营销的格局，导致传统图书出版与新媒体融合的不深入、不充分，融合发展比较缓慢。

传统图书出版与新媒体融合项目建设需要在新平台开发和技术研发等方面投入大量人财物，有些项目先天不足，建设效果不理想，难以形成稳定的营收，最后不了了之；有些项目规划充分，却苦于没有资金支持，无法付诸实践。

大学出版社拥有母体大学的多种优质资源，在学术图书的出版方面拥有绝对优势，成立大学出版社的初衷就是着力解决高校教材出版、学术出版和专业出版的问题。经过多年的发展，大学出版社在作者资源、编辑专业性、市场经营业绩等方面都具有很大优势，已成为我国出版业的重要组成部分。"十四五"时期是推动大学出版社转型升级、双效丰收的关键时期，是服务大学"双一流"建设、实现大学出版社高质量发展的重要阶段。出版融合发展需要在内容、技术、人才、渠道等方面互惠互通，编辑作为生产力，是大学出版社持续发展的动力。作为大学出版社内容生产的人员，图书编辑具有极其重要的作用，可以说，出版融合转型离不开图书编辑的思维、技术和营销等方面的创新。近年来，为适应市场需求，传统大学出版社纷纷转型，发展数字出版业务，但由于大学出版社的一些现实问题，其融合发展步伐缓慢，传统大学出版社面临生存危机。

客观来说，大学出版社的功能定位决定了大学出版社从一开始就围绕大学的学科优势，走教材出版和学术专著出版的道路，对自主出版物的多行业、多形式开发起步较晚。以课题组成员的工作环境为例，西南财经大学出版社自 1985 年成立以来，坚持教育教学、科研服务的办社宗旨，以学术著作、高校教材及教学参考书为主要出版内容。不可否认，我社在数字出版、电子出版及邻近行业的开发上，对跨越发展的贡献不是很突出，与发达地区的前沿出版集团相比，仍有较大差距。这不仅与目前整个数字出版行业尚不成熟、作者参与度不高、版权授权不明晰、盗版现象突出等因素密切相关，而且和大学出版社本身的内部机制存在诸多问题有很大关系。

3.2.1 用人机制刻板僵化

2009 年，中国出版业体制改革已在各高校出版社开展得有条不紊、红红火火，大学出版社是出版业的重要组成部分，是出版新知识的主要阵地。这个时期，随着编辑队伍人员需求量的增加，大学出版社对从事编辑工作的人员的学历、素质、能力和稳定性等方面的要求也越来越高。大学出版社受所属大学的领导和管理，办公地点、社领导的任命、校聘员工的调配等均受制于母体大学，同时，由于业务性质，大学出版社又必须接受各级宣传部门、新闻出版系统的领导和管理。校聘员工的"铁饭碗"思想严重，竞争意识淡薄，学习观念落后，创新能力和动力不强，市场意识不敏锐，团队合作意识不足，且由于体制原因，社聘员工的待遇较低，稳定性差，跳槽现象严重，工作积极性不高，因此编辑业务素质提升缓慢，达不到大学出版社的要求，影响了大学出版社的快速转型。进入融合出版时代，虽然国内很多高等院校都设有编辑出版专业，却很少有高等院校设立数字出版专业，落后的人才培养目标跟不上媒体融合发展的趋势。为了适应实际工作需要，大学出版社只能聘请毕业于计算机专业的人员开展数字化出版工作，但这很难真正满足实际工作需要。

大学出版社虽然完成了从事业单位转制为企业的变革，但并没有完全从以往事业单位管理的思维中跳出来。一方面，大学出版社因长期以来采取事业单位企业化运作的管理方式，导致与采编工作相比，经营管理是弱项，相关人才也较为缺乏。另一方面，老体制遗留下来的一些问题，如薪酬体系僵化、管理观念陈旧等还普遍存在。人岗匹配缺乏科学依据，并且选择通常是单方面的，岗位可以选人，但员工并不能凭自己的意愿选择岗位。

3.2.2　激励机制效用不高

由于大学出版社的薪酬福利制度多是参照高校的相关制度制定的，因此大学出版社普遍存在员工薪酬水平提升难；薪酬体系过于强调学历、职称和职务；固定薪酬占比较大，员工缺乏动力；没有引入非经济性薪酬；错用"平均主义"，未按员工贡献分配薪酬，缺乏对每一个岗位的科学评价等问题。长此以往，部分大学出版社形成了干多干少一个样、干好干坏一个样的局面，薪酬分配倾向于"吃大锅饭"的"平均主义"，但是这样的"平均"影响了按劳分配的"公平"的实现，导致激励效果不显著。

3.2.3　生产机制陈旧老化

在出版融合背景下，传统出版面对网络信息的庞大数量和高速变化，总显得"力不从心"。在生产机制方面，出版企业多采用传统的被动接收稿件的模式，即供给什么就生产什么，很少根据市场需求主动策划推出精品力作。这一方面是因为在较大的经营压力之下，许多出版企业存有"捡到篮子里就是菜"的思想，生产注重数量轻视质量；另一方面是因为大学出版社与市场接触的机会较少，许多编辑对图书市场了解不多，对读者的需求把握不准，掌握的作者资源有限，所以难以策划出适应读者需求的高质量的作品。

3.2.4　质量保障机制简单粗放

在坚持高质量发展、切实提高出版质量的方针指引下，图书质量保障机制的建立成为各大出版社今后工作的重点。大学出版社由于为学校教学科研服务的性质，图书类别繁多，编辑分工比较粗放。图书质量保障方式也仅仅停留在个别图书的印前质检，以及部分图书的印后质检。社内并没有专门的质检人员，临时抽调的质检人员水平参差不齐；虽然匿名审读，仍不免被人情困扰；在编校工作比较集中的季节，质检力量不足；随着各级检查的频率增加、数量增多、标准提高等，不合格图书的数量势必会增加，对图书质检结果进行申辩会成为常态。目前的质检方式并不能从根本上解决图书质量问题。质检只能局部查漏补缺，起警示作用。图书质量不是靠质检提高的，图书质量的关键是原稿的水平和编辑的审编校能力，因此图书质量保障关口必须前移。

3.2.5　版权保护机制不够完善

在传统媒体环境下，作品和载体密不可分。如果要对作品进行复制，需要花费大量的人力和物力，而且伪造的作品与原来的作品相比，往往具有一定的差异性，很容易被识别。但是在数字化的新媒体环境下，作品的复制就简单很多。所有的作品都以文字信息数字化的形式出现，无论是在哪种信息终端上呈现，形式都是一样的，不受时间、空间及载体的限制。复制后的信息隐藏在虚拟服务器中，服务器中的信息是海量的，导致新媒体环境下的侵权行为更具有隐蔽性。新媒体环境下的作品虽然大都通过数字化技术处理后在形式上呈现多样化，传播途径也有所变化，但是并不影响其本质，新媒体环境下的作品仍然受到我国著作权方面的法律法规的保护。

区别于传统媒体，新媒体往往涉及多个主体，包括网络用户、网络经营者及平台运营者。著作权方面的立法速度远远滞后于新媒体的革新速度，导致各个主体都缺乏应有的版权保护意识，这不仅仅是因为相关法律制度的不完备，还因为大众长久以来形成的心理和习惯。当侵权行为发生的时候，作品的发布者很难在第一时间发现，即使发现也疏于维护。而网络经营者和平台运营者往往为了经济利益对侵权行为视而不见、包庇纵容。法律的缺位、意识的淡薄、道德的缺失成为侵权行为产生的重要原因。

3.3 融合发展内部机制策略

综合近几年出版行业的发展现状和发展趋势来看，我国正处于传统出版与数字化出版相互结合、相互交叉和相互促进的转型期。例如，数字出版领域为了满足目标人群更方便地获取信息的需求，由文本编辑、技术支持、传播媒介相互接入、跨界融合、共同开发，形成了不同行业跨界与融合的服务联盟。《指导意见》要求各出版行政主管部门、出版单位将出版融合发展列入行业和单位"十三五"规划等重大产业发展规划，各出版单位必须制定、合理设计和规划实施项目，将出版融合发展任务、重点项目落到实处。对于改革步伐稍显落后的大学出版社来说，走共同开发、优势互补、资源共享的跨界融合之路已到了刻不容缓、不进则退的地步。本书认为大学出版社在转型期可以首先从内部机制改革入手，内部机制改革包括用人机制、激励机制、生产机制、质量保障机制、版权保护机制五个层面的改革。

3.3.1　德才并举，建立公平公正的用人机制

大学出版社为了求得更大发展，从而从容应对激烈的人才竞争，必须合理规划、配置和使用人力资源，最大限度地发挥人力资源管理的效能。当前，大学出版社人力资源管理创新的难点主要在于解决全员聘用、同工同酬、转企改制前原有体制之下员工的待遇问题。在人事管理上公平公正，才能保证大学出版社持续健康发展，才能让大多数踏实肯干的员工安下心来为出版社贡献智慧和力量。在转企改制后，大多数大学出版社已经对部分岗位实行竞聘制。大学出版社根据岗位需要设置不同岗位的工作职责和要求，对外发布招聘信息，然后由人事部门从简历中筛选出合适的应聘者，进行笔试和面试。笔试和面试由不同的人进行考核，最后人事部门综合所有意见，确定岗位人选。

3.3.2　以人为本，建立多样化的激励机制

大学出版社在市场中获胜的关键在于人才。要想留住人才，建立人才激励机制是不可忽视的因素。基于能力导向来构建大学出版社人才激励机制能够激发员工的工作热情，提升员工的工作技能，有利于大学出版社的长远发展。

进入融合出版时代，大学出版社作为学术成果传播的重要阵地，应将学术出版从"内容型"转为"质量型"，在保持学术出版权威

地位的同时努力提高自身的影响力和知名度。首先，大学出版社应将母体大学学术人才库中重点和优势学科的专家、教授、学者及走在学术前沿的校友发展为自己的作者；其次，应对作者队伍进行仔细挑选和甄别，建立不同专业的作者库，并及时完善和更新，确保学术出版内容的高水平和时效性，提高学术档次，树立良好形象。大学出版社不能只为高校教师与专家晋升职称和完成科研项目出版学术图书，还要依托母体大学的教学资源、科研优势、专业优势、人才优势、研究环境优势和深厚的文化积淀，坚持专业特色，出版高水平的学术著作或专业教材、教辅，通过创新、积累和发展，努力成为服务我国高等教育事业、传播科技文化的重要出版基地。

本书建议主要从物质激励、非物质激励和个人发展三个层面，采取物质激励与精神激励相结合、长期激励与短期激励相结合的方式来构建适应出版业发展的大学出版社人才激励机制。

（1）物质激励机制的设计

在物质激励机制设计中，最重要的就是设定合理的薪酬水平和考核体系。大学出版社在设定薪酬体系的时候应该将薪酬与权利分开，员工薪酬水平不应仅仅依据职务来划分，而应综合员工工作能力、贡献率等诸多因素来进行区分，这样，既可以使专业人才和业务能力突出的人员获得更高的薪酬，充分调动员工的积极性，也可以激励后进员工不断提升个人能力，激发个人潜力。

（2）非物质激励机制的设计

大学出版社的工作性质决定了分工非常细，每个员工在固定的岗位上可能一干就是几十年，因此让员工在单调乏味的工作中认识自身价值尤为重要。首先，大学出版社可以采用定期轮岗的制度来使员工了解其他岗位的工作内容，保持对工作的新鲜感。其次，大学出版社可以开展形式多样、内容丰富的培训，为员工职业能力的提升提供机会和平台，让员工感受到公司对自身的重视和培养，激发员工工作热情。最后，大学出版社除了在薪酬方面对员工的工作成绩进行肯定外，还可以通过荣誉激励的方式对有突出贡献的员工进行鼓励，以此激发团队其他成员的工作热情和动力。比如，我社围绕图书产品质量目标，制定《图书质量奖惩管理办法》，该办法在正式出版、质检合格（对作者奖励除外）的前提下，对获奖（含项目入选）的图书按单品种进行奖励。这在一定程度上激发了编辑组稿和把控质量的积极性。

（3）个人发展激励机制的设计

目前我国大部分的大学出版社在人才通道的建设方面仍然存在很多问题，转企改制后体制内员工和体制外员工同时存在，对体制外员工来说职业发展通道十分狭窄。"双轨制"的职业发展通道对稳定人才队伍、提升员工工作技能是极为不利的。随着大学出版社改革和发展的深入，合同制员工逐年增加，俨然成为大学出版社发展的主力军，因此大学出版社构建管理、技术、营销多条职业发展通道十分迫切。大学出版社面对人才队伍年轻化，可在实习期挖掘其职业特点和专长，让其自由选择职业发展通道。例如，编辑可以走专业技术通道，提升编校、策划技能；营销能力突出的员工可以选择营销通道。大学出版社应在设置职业发展通道的同时提供相应的培训机会和能力提升途径，最大限度地发挥员工的专业特长和潜能。

关于大学出版社融合发展人才培养方面的探讨，本书将在第4章详细阐述。

3.3.3　创新理念，建立紧跟市场需求的生产机制

《指导意见》提出了创新内容生产和服务、拓展新技术新业态等6项推动融合发展的重点任务。在新技术快速发展的时代，单一的纸质图书已经不能满足广大读者的需求，尤其是以教材教辅、学术专著出版为主的大学出版社，面临着巨大的冲击。大学出版社有着丰富的大学优质学术资源，但产品同质化是最大的发展困境。对于如何突破瓶颈，本书认为有以下三个途径：第一，开发高品质的教材品种，打造学术品牌。在自己的专业领域，利用自身优势，打造业内品牌，抢占读者资源。第二，从出版商向知识服务商转型。从传统的卖产品向卖服务转型。第三，打造"互联网＋"的跨界模式。整合资源，拓展数字阅读市场。

总体来讲，大学出版社应当建立健全一个内容多种创意、一个创意多次开发、一次开发多种产品、一种产品多个形态、一次销售多条渠道、一次投入多次产出、一次产出多次增值的生产经营运行方式，激发出版融合发展的活力和创造力。

3.3.4　因事制宜，建立责任明确的质量保障机制

在提质控量的大背景下，大学出版社出版的图书品种数呈下降趋势，今后还将呈逐年下降趋势。在保证大学出版社盈利水平的前提下，采取一次投入多次产出、一次产出多次增值的生产经营运行方式势在必行，这就要求出版的图书有"打硬仗"的能力，大学出版社必须从整个编辑环节上保障出版图书的质量。

提高图书质量，既要提高图书在选题、编校、印制、发行等方面的质量，又要把握新形势对编辑人员的要求，注重培养既有学科专业知识又能熟练运用现代数字技术的双料人才。因为未来的数字出版可能是无纸化出版，整个出版过程几乎不涉及纸张。然而编辑工作从审校工作中分离后，并不意味着对编辑素质要求降低，而是对编辑的版式设计、媒体编辑工具的使用及网络技术的掌握提出了综合性要求。

结合大学出版社的实际情况，本书认为可以在以下方面做一些探索：

①培养既有学科专业知识又能熟练运用现代数字技术的双料人才。

②引入提高工作效率和图书编校质量的系统化软件参与到编审过程中。

③培养骨干编辑参与质检，形成社内稳定的质检力量。

④引入外部专家对社内重点书稿和特殊书稿进行审读。

⑤加大社内质检人员参加社外和社内业务培训的力度，并定期对社内其他编辑人员进行编校规范指导和错例分享，以提高整体业务人员的管理水平和业务能力。

⑥将典型差错表和质检表纸质档案长久保存并电子化，形成出版社特有的质检档案，在新编辑培训的时候将质检档案作为培训材料。

⑦定期整理并发布权威的编校规范，指导社内业务人员的具体工作。

⑧质检人员参与重点图书的审读及质检工作，以保证社内重点图书的出版质量。

除此以外，本书认为尤为重要的是培养一支合格的编辑队伍。

首先，大学出版社应该要求编辑人员自觉提升政治觉悟，增强职业荣誉感，做文化产业的"守夜人"。在这方面，我们应该好好向我国古代伟大的思想家、教育家孔子学习。中华文明史上下五千年，孔子刚好站在距今 2 500 多年的历史关口，正是他承上启下，以传播中华文化为己任，修订《诗》《书》《礼》《易》《乐》《春秋》，才有延续至今、辉煌灿烂的中华文明。可以这样说，我们今天所了解到的 2 500 年以前的中华文明，主要是通过他挑选、整理后的文献获得的。所以，编辑要树立大文化、大编辑、大媒体的理念，用更加宽广的文化视野，更加自觉、更加主动地履行文化使命。作为文化产品内容的选择者、策划者、加工者和推荐者，编辑在推动中华文明复兴中，肩负着总结和弘扬中华优秀传统文化的重任，对文化传播的方向和质量起着决定性作用。作为信息源的选择者和把关者，编辑的思想素质决定了出版社准备把什么样的图书介绍给读者。信息传播行业虽然受市场经济的制约，也讲经济效益，但图书毕竟是一种特殊的商品，其价值不能完全按市场价值衡量。大学出版社如果一味地迎合市场，而不用正确的价值观去引导市场，努力提高读者的道德素质和文化素养，永远也不可能推出优秀的图书，更不可能承担起传播和弘扬中华优秀传统文化的重任。文化产品的生命力在于质量，出版物的质量首先表现为内容质量。内容质量主要由编辑环节（策划、组稿和内容加工）决定。在具体的编辑工作中，每一位编辑都应该自觉增强创新性，严把内容关，发掘好的内容，编辑出版优秀的作品，将最好的文化产品奉献给广大读者。

　　其次，大学出版社应该要求编辑自觉练就过硬的业务本领。编辑过程中的业务能力包括策划组稿能力、文字加工能力和装帧设计能力。策划组稿能力的高低是一本图书能否赢得市场、赢得读者的关键。读者的关心和需求是图书市场发展的原动力，只有在对图书市场和读者阅读心理清晰地了解基础上做出的策划方案，才有指引成功的可能。当今社会是数据时代，在策划和组稿过程中，编辑要善于从海量的信息中发现、遴选出好的作品。当今时代是大数据时代，数据本身就是资源，编辑要学会根据有效的数据，分析并获取关于社会热点、读者兴趣、竞争者策略、科技发展新成果、网络人气作品及潜力作者等信息，及时做出前瞻性分析预测，为图书组稿及营销做好前期准备。组稿取决于编辑的人际关系、活动能力、性格等方面的因素。组稿能力强的编辑，通常有几个方面的优点：一是个人修养较好，多谋善断，决策能力强；二是善于与人相处，容易取得他人的信任和好感；三是热心社交、广泛交友、善于言谈；四是性格开朗、乐观，为人坦诚大方，有丰富的社会阅历等。大学出版社要鼓励编辑不断学习新知识，力求成为学者型编辑，这样才有与作者深入沟通的能力。编辑应该对相关领域的学者、知识、前沿研究成果了然于胸，但在专业领域方面，无论编辑原来具有何种知识背景，在具有丰富行业经验或教学经验的作者面前，都只是个杂家。因此编辑切忌在专业领域方面，武断地介入编者的研讨。此时，编辑更像是"教练员"而不是"球员"，其职责是组织调度球队比赛，而不是亲自下场参赛。具体而言，编辑要根据策划的目的和要求，敏感地判断选题，专业地审订书稿，严谨地把关内容，发现和处理书稿中的错误和不足。编辑还要不断提高自己处理语言文字的能力，能够使用规范的汉语，正确地使用汉字对书稿进行严谨、认真的加工。当今网络图书的一大弊端就是语言文字错误太多，纸质图书的情况也不容乐观。传统的大学出版社的许多编辑学历较高，相当多的人具有博士、硕士学位，他们中的许多人没有经过严格的培训就上岗，语言文字水平不达标，更无法承担起对来稿进行语言文字方面的加工处理工作。结果是图书出版了很多，精品却不多，粗制滥造的不少。在中国出版史上，明版图书出版得最多，但质量让人不敢恭维，上无法与宋版图书抗衡，下无法与清版图书并列，成为一个时代的笑话。内容低俗、粗制滥造成为首要因素。因此，编辑只有通过刻苦学习，不断提高自身的语言文字素养，才能保证经过自己之手的图书都是合格产品。编辑还应不断提高自己的美学素养，在图书的版式设计、装帧设计上精益求精。图书无论采用何种形式出版，都应该赏心悦目，以人们乐于接受的形式呈现。纸质图书对精美装帧形式的极致追求，是其区别于电子图书的独特气质，也是纸质图书还能继续"存活"下去的重要理由。

最后，为了培养这样一支编辑队伍，大学出版社应该实施项目管理制，让策划能力强的编辑专注于策划，提升策划效率；让沟通能力强、朋友圈广的编辑专注于组稿，想方设法将高质量的稿件握在手中；让语言文字功底扎实、熟悉专业知识的编辑静心做好书稿的文字加工处理工作；让美学素养高的美术编辑专心做好装帧设计工作。这样编辑才能各司其职，既把好质量关，又激发创造力，提高工作效率。

解决图书质量问题是一个系统工程，也是一个长期的过程。我们只有在实际工作中不断反思和纠错才能探索出一条适合大学出版社发展的道路。

3.3.5　加强监管，完善有序合理的版权保护机制

融合出版是出版界的新业态，与传统出版相比，融合出版的参与主体更多元，涉及的版权内容更丰富，版权风险更大。增强版权风险管理意识，研究并解决确权举证难、维权成本高等问题，从制度制定与技术运用两个方面做好版权风险管理，是大学出版社的重要工作之一，也是其健康运营的重要保障。

出版工作必不可少的对象是作品。通常而言，作者创作作品后取得版权，与出版单位签订出版合同，从而使出版单位获得复制权、发行权等相关权利。本书认为在融合出版的大环境下，大学出版社要做好版权保护工作可以从技术和制度两个层面建立有序合理的版权保护机制。

在技术层面，经过数年的研发、优化，目前，我国对作品采取的技术保护措施主要有网页文字防复制技术、数字水印技术、数据加密技术、区块链技术和数字认证技术等。以区块链技术和数字认证技术为例，这两种技术的共性在于两者都可以提供时间戳服务、数据加密服务，以防止数据被篡改等；区别在于区块链技术是去中心化或多中心化的，而数字认证技术是中心化的。一般而言，出版企业不必一次性投入巨大成本自建系统，而可根据自身版权风险管理的需求，购买适合本企业业务发展并且更具可操作性的技术服务。

这些措施在一定程度上能有效防止未经权利人许可的复制与传播行为，但是并不能完全杜绝这些行为的发生。新媒体技术的快速发展要求新媒体服务提供者对作品的技术保护措施不断进行完善，以满足人们对作品形式多样化的需求。

在制度层面，大学出版社应当坚持先授权、后使用，先授权、后传播的基本原则，增强编辑及管理人员的版权意识。有效的版权风险管理依赖于丰富的经验，经验积累到一定程度，编辑及管理人员即可总结出规范文件。一套行之有效的版权风险管理制度是出版单位版权工作规范化的基础，一般由法务人员具体负责落实版权风险管理制度建设。版权风险管理制度建设要以大学出版社的实际情况为出发点，在认真调研的基础上，咨询法官和律师，厘清相关版权资产，找准版权风险之所在，从版权风险的来源、风险识别与判断标准、风险评估、风险应对办法与策略等方面充实制度内容，注重现实针对性与可操作性。这样即便是版权岗位的新人，只要依照制度按程序处理相关业务，也能保障风险在可控范围之内。

综上所述，机遇大于挑战，思路决定出路。在融合发展形势下，大学出版社要想在竞争激烈的图书市场站稳脚跟，除了需要具备准确的判断力和较强的执行力外，还需要具备随机应变、与时俱进的解决核心问题的能力。图书产品研发、营销方式转变成为当务之急，而有效的内部管理机制的建立和完善是促进大学出版社整体业务稳定发展的前提和保障。只有在完善内部管理机制、提升内部管理效能的基础上确定图书产品研发和市场营销之间的合理关系，才能最终实现两者整合的市场目标，也才能对大学出版社的生存发展发挥重要的现实指导作用。

本章小结

　　融媒体时代，传统出版业不仅担负着文化传播的任务，而且肩负着知识创新的使命。当前，实现出版业的高质量融合发展，已经成为新时代传统出版人的共识。大学出版社在继续做好传统出版工作的前提下，加快开展数字出版业务的步伐，推动实现传统出版与数字出版的融合出版，并取得一定成效，但与其他新业态相比，发展仍然缓慢，且面临诸多问题，如体量偏小、产品和业态不够丰富、资本运营能力有待提升、赢利模式尚未形成等。新的出版生态环境对传统出版的融合创新提出了更高的要求，面对新形势带来的诸多挑战和困难，大学出版社要提高对新媒体的应用能力和融合出版能力，着力打造融合发展的现代出版体系，最终形成良性发展、共生共赢的新型融合出版生态圈。就媒体融合背景而言，融合发展并不是传统出版与数字出版的简单相加，而是不同媒体相互作用，实现理念、流程、技术、内容、队伍、市场等的深度融合，是新旧媒体的生态共享融通与集聚。大学出版社只有创新理念，提高认识，优化内容，加强对先进技术的应用，培养复合型人才，进一步完善内部体制机制，才能实现真正的融合发展。

4 大学出版社融合发展人才培养机制研究

知识服务成为数字出版发展的新方向，大学出版社正处在从内容提供商向知识服务商转型的关键时期。出版融合大趋势下所兴起的知识服务正在开启出版的新时代。出版融合主要体现在四个方面：知识内容和技术应用的融合，产品形态和用户需求的融合，传统运营和互联网运营的融合，企业战略和国家战略的融合。截至 2017 年年底，全国共有出版社 585 家，其中大学出版社 111 家。大学出版社的融合发展相比其他类型的出版社有其共性，也有其特点。大学出版社在教材出版方面，面临向课程出版的转型；在学术出版方面，面临向科研服务的转型。在出版转型及融合发展过程中，如何建立与之匹配的适应知识服务新背景的复合型出版人才队伍，是大学出版社亟待解决的问题。

4.1　大学出版社融合发展中存在的问题及原因

4.1.1　问题

（1）传统出版未能做精做强

不少大学出版社的主营业务是出版大中专教材教辅、学术著作。毋庸讳言，这些图书中还有不少非本版图书，是民营书商的合作图书。

大学出版社在教材、学术专著、大众图书出版方面的问题如下：

①教材方面：不少大学出版社没有形成合理的产品布局，存在严重的同质化现象。同一层次的同名教材就有好几种。

②学术专著方面：不少大学出版社以作者的补贴款为主要营收，主要负责"来料加工"。多数大学出版社的编辑并不能对书稿里面的学术价值进行判断，更多是从出版规范的角度进行编辑加工，没能为其提升附加值。

③大众图书方面：很多大学出版社与民营书商合作出版大众图书，参与度低。

长期的粗放式发展和相对特殊的机制体制让大学出版社发展缓慢，但也能勉强"旱涝保收"，温水煮青蛙现象普遍存在。

（2）数字出版没有形成新的增长点

不少大学出版社成立了数字出版部，与咪咕、掌阅等数字阅读渠道在电子书层面开展合作；还有的开始尝试打造含二维码的纸质教材，申请了数字出版项目。但整体而言，除清华大学出版社、浙江大学出版社等少数几家大学出版社外，多数中小型大学出版社在数字出版方面仍处于观望阶段。

（3）版权意识淡薄

经过多年的摸索实践，多数大学出版社的出版合同内容、版权协议内容已经相对完善，信息网络传播权、转授权等权利都会体现在协议中。但是对这些权利予以维护的机制并不完善。

（4）资源建设等基础工作缺乏规划和可持续的保障机制

资源建设是大学出版社融合发展中一项非常重要的基础工作，但不少大学出版社，尤其是中小型大学出版社在资源建设方面投入有限，缺乏规划，并没有形成可持续的保障机制。这些导致其资源建设非常零散、断断续续，没有形成聚合效应，难以发挥真正的价值。

4.1.2　原因

（1）转企改制的遗留问题

大学出版社在最初几十年是作为事业单位而存在的。转企改制后，多数大学出版社采用"双轨制"，虽然在薪资方面实行新老员工同工同酬，但在社会保险、住房公积金等福利待遇方面依旧存在明显差异，距离真正意义上的现代公司治理还有一定差距。

（2）产业升级与技术创新不足

目前，一部分大学出版社的信息化水平还比较低，有些出版社甚至没有企业资源计划系统（ERP），编印发的方式和手段还停留在"刀耕火种"阶段，效率低下。

4.2　大学出版社融合发展中人才队伍建设的现状

（1）极度缺乏复合型数字出版人才

大学出版社缺乏熟悉各种媒介终端的优劣及技术特点、能通过新的传播手段实现与读者有效链接的复合型数字出版人才。

（2）面临职称断代的风险

大学出版社在很长一段时期难以为编制外的社聘员工解决高级职称评审问题，而拥有高级职称的资深编辑一旦退休，大学出版社将面临职称断代的风险。

（3）人才纷纷流向互联网企业

业内流传的一个真实故事是:《罗辑思维》节目的创始人罗振宇受邀到某出版社演讲,当天就有三位编辑完成了从传统出版行业到知识付费行业的转换。随着听书、知识服务等新型出版形态的诞生,不少互联网公司不仅"抢"了传统出版社的"饭碗",还抢了传统出版社的人才。还没跳槽的编辑也表现出明显的职业倦怠。不少大学出版社的80后、90后员工认为自己所在组织缺乏活力、创新力和凝聚力,对组织文化的认同度不高,对所从事的职业充满迷茫和焦虑,认为自己所在组织的绩效考核制度没有充分体现多劳多得,同时还缺乏公开公平的职业晋升通道,对自己的薪资不满意,没有职业成就感。

4.3　中高层管理人才发展现状分析

从以上论述可以看出,目前大学出版社融合发展中人才队伍建设存在人才结构不尽合理、人才流动过于频繁、人才晋升渠道不畅通、人才激励机制不健全、人才评价标准不科学等问题。

融合出版人才的培养与管理具有分层性。越高层次的人才越需要突出的专业特性及更为全面的科学文化素养。管理大师德鲁克在其《管理的实践》一书中给出明确答案:瓶颈总是在瓶子的顶部。这与80/20法则(帕累托法则)的本质是一样的:关键的少数制约着次要的多数。大学出版社要在融合出版方面有所突破,必须聚焦人才中的关键部分——中高层管理人才。

当前，出版融合正在开启出版业的新时代。出版业融合发展，是一场重塑知识服务核心价值、重构产业生态的深刻变革。大学出版社要在这场变革中获得一席之地或实现"弯道超车"，就必须重视人才这个最为重要的因素。"瓶颈总是在瓶子的顶部"，中高层管理人才的缺乏，既是出版业融合发展面临的核心问题，也是出版业融合发展面临的最大困境。大学出版社因新旧体制转换、薪酬福利缺乏竞争力、发展空间有限等导致人才流失、人才断层等问题表现得较为突出。为了解决这些问题，近几年来，大学出版社纷纷从内部大力提拔 80 后、90 后的社聘员工担任中高层管理人员。这批新晋中高层管理人员经过 3~5 年的培养和锻炼，有可能成长为大学出版社的中坚力量，且能在融合发展中起带头示范作用，助力大学出版社在融合发展中获得优势。这里的中高层管理人员主要指从内部提拔起来的新晋中高层管理人员。本书尝试探索创新培养中高层管理人才的有效方法与途径。

融合发展背景下，出版企业伴随着大数据、融媒体、"互联网 +"、内容为王时代的来临，勾勒出展现时代风貌的出版图景，出版界正面临前所未有的机遇与挑战，对人才的需求，尤其是中高层管理人才的需求正在发生剧烈的变化。

（1）基础要求

课题组从"做书"平台上大学出版社 2019 年 10 月发布的 119 条岗位需求招聘信息中提炼出如下大学出版社对各类中高层管理人才的共性基础要求：研究生学历优先、从业时间 5 年以上、中级及以上职称、沟通能力较强等。

（2）人才缺口

大学出版社对新媒体营销、数字出版方面的中高层管理人才的需求明显增多。以猎聘网 2020 年 10 月—12 月的大学出版社招聘信息为基础，我们可以看出，清华大学出版社招聘产品经理、课程编辑等；华东师范大学出版社在招聘中提供的 5 个职位都与数字编辑、数字产品、电商销售方向有关。

4.4　人才培养机制面临的问题与挑战

课题组以在出版人微信群发送调查问卷和通过微信进行一对一深度访谈的方式对大学出版社中高层管理人才的职业满意度进行了调研。

问卷围绕中高层管理人才的管理年限、年龄、学历、职称、工作环境、工作状态、工作压力、挑战性、工作中的人际关系设计，问题涉及所在大学出版社的名称、担任中高层领导职务的时间、最高学历、职称、年龄段、收入水平、对收入的满意度、对收入的期望值、对目前工作压力和强度的认知、晋升机会、人际关系、工作环境、工作中能否发挥自身优势、团队精神、大学出版社发展前景、企业文化、现有工作和自己期望工作的差异、是否愿意和所在出版社一起成长和面向未来、对出版行业未来 3~5 年的发展信心、是否考虑其他工作机会等 21 个问题。课题组在微信群发送调查问卷 69 份，收回有效问卷 23 份。参与调研的有：成都西南交大出版社有限公司、四川大学出版社有限责任公司、厦门大学出版社有限责任公司、西安电子科技大学出版社有限公司、北京体育大学出版社有限公司等 23 家；参与调研的人员主要集中在数字出版（融合出版）、人力资源管理、策划编辑等岗位。

（1）调研结果

课题组选取收入水平、晋升机会、对工作压力和强度的认知、是否考虑其他工作机会、对出版行业未来 3~5 年的发展信心五个关键问题进行统计，其中，收入在 30 万~40 万元的占 16.67%、20 万~30 万元的占 33.33%、10 万~20 万元的占 50%，对收入水平非常满意的占 8.33%、基本满意的占 41.67%、不满意的占 33.33%、极度不满意的占 16.67%；对晋升机会很满意的占 41.67%、不满意的占 16.67%、认为还凑合的占 41.66%；在对工作压力和强度的认知方面，认为超负荷的占 41.67%、认为适中的占 58.3%；在是否考虑其他工作机会方面，表示不考虑的占 80%、偶尔考虑的占 20%；在对出版行业未来 3~5 年的发展信心方面，非常有信心的占 33.33%、还好的占 50%、没有信心的占 16.67%。

（2）存在问题与相关分析

调查问卷的结果显示，目前大学出版社融合发展中的中高层管理人才比较热爱出版行业，且愿意与所在大学出版社共同成长，但也表现出对行业信心的不足；认为晋升通道和空间充满不确定性，工作强度和压力比较大；同时在微信一对一深度访谈中，课题组发现，大学出版社在融合发展中，中高层管理人才收入满意度低和晋升通道狭窄等方面的问题较为突出。

4.5　融合发展人才培养机制策略

4.5.1　融合发展的大背景与人才供需矛盾

（1）大学出版社处于融合发展转型期，经营面临各种压力

大学出版社在文化产业组织中的占比较小，且传统出版面临比较大的冲击、融合出版尚在探索当中，大学出版社在经营收入方面能维持低速增长已不容易，在薪酬方面与文化产业中的其他企业相比有一定的差距。

（2）大学出版社的融合发展处于创业探索期，模式和路径不清晰

在文化产业投资基金的大力支持下，不少大学出版社都申报甚至获批过数字出版类、融合出版类的相关项目，但多数大学出版社在后期的项目运营中没有探索出一条可行的道路，融合发展的模式和路径并不清晰，导致中高层管理人才对融合发展背景下作为内容产业之一的出版业体现独特优势、焕发出新的活力充满怀疑，因而对所在大学出版社和出版行业的发展都不甚乐观。

（3）融合发展背景下的大学出版社处于调整期

由于出版业的外部需求和整体环境正在经历跨时代的变革，因此大学出版社为了应对变化而不断进行战略调整，其组织架构的变化就是最直接的表现之一。处于调整期的中高层管理人才往往承受

的压力是多重的，他们中的多数既要完成业务指标，又要履行团队管理职责，同时还要不断创新。

（4）大学出版社在机制体制、薪酬体系建设等方面问题突出

大学出版社的中高层管理人才对当前收入不满意，缺少继续教育机会，没有明确的奋斗目标，较少制定具体的工作规划，对未来职业发展缺乏信心。不少大学出版社的 80 后、90 后员工一方面认为自己所在组织活力不足，对组织文化的认同度不高，对所从事的职业充满迷茫和焦虑，认为所在组织的职业晋升通道不畅和薪酬天花板低，表现出明显的职业倦怠；另一方面认为大学出版社在转企改制后不再拥有寒暑假等福利及"稳定"的优势，且社聘员工与所属大学的编制内或校聘教职工存在"差别待遇"，因此产生"低人一等"的负面心理感受。近年来，部分大学出版社员工选择流向更高薪的互联网企业或通过考试等途径进入上级主管部门或所属学校的行政部门，这其中 80 后、90 后研究生学历的员工所占比例非常高。

（5）大学出版社对中高层管理人才的培养重视度不够

重基层、轻高层是出版业人才培养的普遍现象，大学出版社亦然。多数大学出版社对新入职的基层员工在入职培训、导师传帮带、职称考试激励方面有完备的体系，以帮助基层员工尽快适应工作，从新手成长为熟手，但对业务骨干或中高层管理人才的培养，以中国新闻出版研究院及相关部门或协会组织的会议或模块培训等外训形式的继续教育为主，方式与手段比较单一，培养效果不佳，缺少结合社情的、定制化的、成体系的培养规划和机制保障。

4.5.2　出版企业中高层管理人才的需求情况

（1）具有最高政治站位、有出版情怀和品位、实现高效能经营管理的人才

新时代的出版人要坚持把社会效益放在首位、实现社会效益和经济效益相统一的基本原则。牢记使命、坚守社会效益优先的底线要求出版业的经营管理者首先必须把握正确的政治方向，提高政治站位。同时，一家出版企业的经营管理者的出版情怀和品位决定了其出版品质。要想带领出版企业在转型升级时期改革创新、实现双效统一，经营管理者还必须具有先进的管理理念，实现高效能经营管理。

（2）素质高、能力强的复合型核心业务人才

出版企业的核心业务人才主要指编辑和营销人员。编辑是出版工作的核心。编辑的前端能力是策划能力。大学出版社的定位是服务于高校的教学和科研工作。大学出版社的核心业务是高校教材和学术著作的出版。富媒体教材将替代内容枯燥、形式单一的纸书教材。教材策划编辑必须形成立体出版思维，以对教学的深入思考策划富媒体教材的出版，促进教材与教学的深度融合。教材的出版需要教材策划编辑深入理解教学内容，并对教学平台等有一定的了解和研究。学术策划编辑应多参加科研活动，把握学科发展趋势，对学术前沿和热点问题做出及时而准确的反应，将自己培养成"学者型"编辑。融合出版时代需要编辑在发扬"工匠"精神的同时，不断学习新技术，从图书编辑转型为具有互联网思维和资源整合能力

的产品经理。

营销人员对大学出版社而言是一种特殊的战略资源，全渠道时代要求营销人员能利用新的传播形式和渠道进行宣传推广。

（3）懂技术、懂出版、创新型的数字出版人才

各出版企业在全面推进数字化转型升级和融合发展的过程中，都面临人才数量和质量与实际需求不匹配的问题，急需既懂数字技术又懂出版业务、既懂内容加工又懂市场经营的复合型数字出版人才。

4.5.3　融合发展背景下促进中高层管理人才创新发展的方法与途径

（1）制定中高层管理人才培养规划

大学出版社的当务之急是结合社内的融合发展战略制定配套的、切实可行的人才培养规划，将员工职业生涯规划与出版社人才需求规划结合起来，尽可能地将有丰富经验、有情怀、肯实干的中青年骨干员工培养为大学出版社融合发展所需要的核心业务人才，建立人才引进与退出机制。大学出版社一是要着力在内部重点培养融合发展人才；二是逐步建立能进能退、能上能下的竞聘机制，营造干事创业的氛围；三是多方调研，多渠道引入有实战经验的数字出版人才，尤其是技术人才。

①在战略层面重视对中高层管理人才的培养。大学出版社应当制定相应人才培养规划，如安徽出版集团有限责任公司在人才队伍建设方面绘制了清晰的线路图，积极探索中高层管理人才的培养方

法和机制，通过给予经费资助、拓宽培训渠道、合理使用人才、实施动态管理等方式为培养对象的成长、成才提供支持，同时大力推进体制机制创新，实施"四个一批"人才培养工程、后备人才培养计划、高端人才培养工程等人才培养计划，分类别、分步骤、阶梯式培养出版领军人才、骨干人才与专业人才。

②建立中高层管理人才成长档案。人才梯队资源库分为关键岗位人才梯队资源库、管理岗位人才梯队资源库和储备人才梯队资源库。大学出版社应确定对应人才梯队资源库的容量和人才选拔标准；对人才梯队资源库里的人才要制订个性化的培养方案，并建立成长档案。

③明确中高层管理人才的培养标准和目标。大学出版社应对标领先的出版企业，借鉴业内标杆企业的人才培养模式和方法，找到与业内标杆企业的差距，分析原因，确定适合自身的中高层管理人才的培养标准和目标，以此制订行动方案及计划。

（2）建立长效机制

①与母体学校联合构建中高层管理人才培养与激励机制。大学出版社应在继续教育、学历提升、科研方面形成与母体学校的良好互动。大学出版社一方面可以探索依托母体学校的相关学院和研究机构的教育资源，为员工提供继续教育、学历提升的机会；另一方面可以依托母体学校的相关学科建设，与相关学院共同申请课题或项目，提升中高层管理人才的科研水平，让中高层管理人才以实践促研究，同时把最新的研究成果应用到出版业务中。这对中高层管理人才的职称晋升大有裨益，也能增强大学出版社中高层管理人才

的身份认同感。大学出版社还可以依托母体学校，为急需的高层次优秀人才提供政策层面的支持，如对数字出版方面的高端人才，解决其子女入学问题等；与母体大学协商，让核心骨干人才享受与校聘员工一样的福利。

②建立中高层管理人才培养的有效制度。大学出版社应规范中高层管理人才选拔的程序，明确中高层管理人才培养的阶段，制定中高层管理人才培养的规章制度、管理办法并监督实施。

③制订融合出版领军人才培养计划。

第一，从政策和制度层面鼓励人才通过融合出版转型。大学出版社应做好"三个一批"（在内部挖掘人才，从编辑、发行、行政管理各岗位中转型一批；从高校相关学院应届毕业生、部门实习生中招聘一批；从合作的技术企业及业内其他企业中引进一批）工作，逐步建立起一支由数字编辑、数字技术、数字营销方面的人才组建的融合出版项目管理团队，形成适应和引领社内数字化转型的人才队伍和管理机制，为数字出版发展奠定坚实的人才基础。

第二，中高层管理人才队伍建设需要分步骤、有重点、个性化地进行。大学出版社应制订并实施融合出版领军人才计划，如每五年重点培养一批融合出版领军人才，根据实际情况，对其领导力、编辑策划能力、出版产业认知能力等进行定制化的培养，以文化、制度留人，增强中高层管理人才的归属感和获得感。

④在培养过程中引入教练制管理模式。负责培养中高层管理人才的部门首先需要通过有效的倾听和发问，了解其真正的职业目标是什么；其次，帮助其分析在遇到瓶颈时，困难和优势分别是什么，

自己已经做了什么，还需要做什么；再次，启发其思考可能的成长路径和方案，并判断这些路径和方案的优劣；最后，激发其内驱力以完成目标任务，并帮助其制定成长时间表。

⑤建立多元化的奖励激励机制。大学出版社可以根据实际情况建立物质激励、精神激励等多种激励手段相结合的奖励激励机制。

⑥建立推进融合出版的专项制度与设立专项支持基金。大学出版社积极为员工营造创新创业氛围，支持融媒体出版物、跨界出版物、知识服务产品等新业务、新产品的研发，建立精品选题的孵化制度与设立专项支持基金，努力让一大批优秀的策划、编辑、营销和管理人才脱颖而出。大学出版社应着眼复合型人才的发展，创造条件，推动落实项目合作制，进一步加强人才梯队建设。

⑦建立项目制的团队管理制度。大学出版社可鼓励有想法、有渠道、有管理能力及懂业务的个人依托企业平台创造更大价值。有较强专业能力、有信心达成项目目标、有可落地的项目拓展想法的人才可以在大学出版社内部组建矩阵式团队。大学出版社应激发每位员工的内生动力，解除员工干事创业的后顾之忧，让他们"撸起袖子加油干"。在这个过程中，大学出版社还需建立配套的容错机制。建立科学、合理的容错机制是大学出版社在融合发展中完善人才发展机制的重要指导思想之一。容错机制只有有效运行，才能鼓励致力于大学出版社融合发展的人才放开手脚，勇于担当。

（3）创新培训手段

大学出版社应加强教育培训资源建设，创新培训内容、形式、手段，开展全方位多层次的业务和经营管理培训，初步建立起适合自身发展特点的教育培训体系和内训队伍，持续增强教育培训工作的针对性、层次性。培训手段的创新方式包括：一是大学出版社鼓励中高层管理人才利用业余时间进行学习，并制订有效的年度学习计划。大学出版社可根据实际情况为中高层管理人才的自学采购图书、知识服务类课程等，构建出版行业实战案例培训与领导力培训相结合的个性化培养体系。大学出版社一方面可邀请行业内相关专家进行案例分享；另一方面可组织系统的领导力培训，提升中高层管理人才的经营管理能力，加强职称考试和职称评审的指导与培训。二是大学出版社可实行工作岗位轮换，定期结合中高层管理人才的意愿和潜能，改变其工作部门或岗位，让其多去新成立的融合出版部门参与实践，挖掘潜力。三是大学出版社可建立导师制度，利用母体学校产学研方面的资源，安排中高层管理人才对接校外企业中富有经验的管理人员，定期进行沟通，提高其管理能力和管理水平，此外，跨界的思维碰撞有利于融合出版实践活动的开展。

（4）完善中高层管理人才职业发展体系

①建立中高层管理人才发展双通道。双通道即职务晋升通道和专业技术能力提升通道。大学出版社对企业中极具潜力的人才，一是要建立职务晋升通道，让具备一定管理能力的员工通过职务晋升参与出版社中更高级别的运营管理；二是建立专业技术能力提升通道，帮助中高层管理人才申报高级职称，实现个人进步和组织发展的双赢。

②探索具有大学出版社特色的类职业经理人模式。目前，大学出版社的"一把手"多由学校主管部门指派，且根据学校中层干部定期轮岗的相关制度，一般情况下，社长在大学出版社工作几年后

就会回到学校行政部门或教学科研岗位，这对大学出版社的企业化经营是非常不利的。但大学出版社承担着高校学术传播、学科教材建设等使命，是极为重要的思想阵地，所以学校主管部门指派相关人员参与管理大学出版社是非常必要的，但大学出版社在转企改制后，要建立与现代企业制度相适应的经营运行机制，还要在融合发展、转型升级的背景下，实现社会效益优先、社会效益与经济效益双效统一，就需要从出版行业引进深耕细作多年且懂经营管理的职业化人才。出版行业的职业经理人是指熟知中国出版国情和历史传统，拥有经营管理和出版业务知识、经验、技能，以出版经营管理为职业的高层经营管理人才。大学出版社可以探索一种具有自身特色的类职业经理人模式，如从已有人才中选拔政治意识强烈、具有出版情怀和职业经理人特质的人员进行培养。在创新领域，大学出版社可以针对数字出版业务成立分社，引进有丰富数字出版项目经验的人员进行培养。

③加强企业文化建设，形成高度重视培养中高层管理人才的氛围。大学出版社应树立干事创业、多劳多得的理念，形成尊重知识、尊重人才的氛围，让想干事的人有机会、能干事的人有舞台、干成事的人有地位，倡导终身学习。终身学习者是企业未来发展的绩优股，对大学出版社而言，学习就是工作，工作就是学习，大学出版社本身就以提供知识类精神文化产品为业务，更应形成不断学习的氛围，将学习力的提升贯穿中高层管理人才培养的全过程。

④完善聘用机制，优化绩效考核方式。

第一，大学出版社应不断优化组织机构，整合经营业务，明确经营管理主体，实施综合业绩考核管理制度，建立起全员聘用、竞争上岗、"规则赛马"的用人机制，着力推行干部竞聘和轮岗，提升中层干部管理技能和履职能力，进而促进各业务单元的创新发展。大学出版社应推进人员薪酬与岗位职责、岗位任务指标的匹配，完善各岗位晋级条件，畅通员工职业发展通道，进一步细化考核政策，落实优绩优酬，激发员工干事创业的内生动力。

第二，大学出版社应为员工提供多元发展路径，使员工除有职务晋升通道外，还有专业技术能力提升通道，如可以设置编辑、高级编辑、资深编辑、首席编辑等岗位，凡是符合条件的编辑都可以凭借其工作能力和业绩获得认可并受聘相应岗位。

第三，大学出版社应以目标与关键成果（OKR）为导向而不是以传统的关键绩效指标（KPI）为导向来设置更加科学合理的绩效考核体系。大学出版社应从改变绩效考核方式入手，对利润、社会效益、项目创新等方面的考核进行改革。大学出版社应按照适应市场环境、体现人才价值、发挥激励作用的原则，以薪酬激励为核心，建立鼓励竞争、兼顾内部公平的薪酬制度，努力在员工的薪酬分配上实现责任与利益一致、能力与价值一致、风险与回报一致、业绩与收益一致的目标，充分发挥薪酬体系吸引、留住、激励人才的作用，满足企业发展的需要。

大学出版社具体可从如下两个方面来实施：一方面要发挥绩效考核制度的杠杆作用，提高一线业务人员的收入，如可以根据实际情况对编辑和发行部门实行利润考核制度；另一方面，加大社会效益考核力度，将社会效益考核纳入年终考核中，对考核不达标的进行惩罚，对考核名次靠前的进行奖励。大学出版社应激励编辑坚持正确舆论导向，多出好书，多出社会效益和经济效益相统一的高品质作品。

⑤继续深化改革，创新内部机制。大学出版社应鼓励有想法、有资源、有管理能力及懂业务的中高层管理人才依托企业平台创造更大价值，具体方式有成立分社、打造知名编辑工作室、建立首席编辑制度等。

综上所述，大学出版社要想把社会效益放在首位、实现社会效益和经济效益相统一，在市场上形成巨大的品牌影响力，就需要按照新时代的需求，建立科学有效的人才培养机制和制定相应的管理办法，打造一支实力强劲、人员稳定、充满活力、适应并引领出版融合发展的人才队伍。

融合发展中，人才的培养是一项长期工作，也是大学出版社进行融合出版转型的关键。一方面，融合出版本身就处于动态演进过程中，具有很大的不确定性，需要大学出版社根据实际发展情况不断调整人才培养目标、方向、方案、模式等；另一方面，融合出版实践对相关人员的综合素养提出了更高的要求，这就需要各级主管部门和各大学出版社将人才培养升至战略高度，做到规划先行，分步实施，做好人才储备、培养工作，拟定明确的人才培养方案。

知识服务视角下的大学出版社在融合发展中推进人才队伍建设，必须通过掌握科学的人才培养方法、建立有效的激励机制、建设公平的竞争平台、提供广阔的事业发展空间等方法，在人才的选、育、用、留方面加大力度，不断优化人才队伍结构，形成创新发展、积极向上的工作氛围和企业文化，让员工都能在集体中实现自我价值，达到个人职业生涯规划与企业发展目标的最大契合，使员工与企业共同成长，培养一批能干事、想干事、有情怀、具有互联网思维的新出版人，共同开创高质量发展新局面，书写融合发展新篇章。

本章小结

融合发展中，人才的培养是一项长期工作，也是大学出版社进行融合出版转型的关键。一方面，融合出版本身就处于动态演进过程中，具有很大的不确定性，需要大学出版社根据实际发展情况不断调整人才培养目标、方向、方案、模式等；另一方面，融合出版实践对相关人员的综合素养提出了更高的要求，这就需要各级主管部门和各大学出版社将人才培养升至战略高度，做到规划先行，分步实施，做好人才储备、培养工作，拟定明确的人才培养方案。

5　大学出版社融合发展路径选择研究

在融合发展背景下，大学出版社借助新技术、新媒介实现知识服务转型，既面临严峻的挑战，又可以通过"弯道超车"重新焕发生机。探索知识服务视角下的大学出版社融合发展路径，既可强化大学出版社在融合发展中服务高校的功能定位，又可拓展其服务社会的职能。

5.1　出版社融合发展路径选择现状分析

5.1.1　融合发展路径实践分析

从实践来看，出版界在融合发展路径选择上大致经历了出版内容融合、出版技术融合、出版渠道融合和以知识服务为特征的融合四个阶段。

（1）基于出版内容的融合路径分析

①电子书。电子书又称 e-book，通常以 PDF、EXE、CHM、UMD、PDG、JAR、PDB、TXT、BRM 格式储存，并借助电脑、手机、电子阅读器等设备进行传输和读取。电子书是纸质书的延伸，是图书产品多样化的表现，它适应了数字传播环境下用户信息消费移动化、便捷化和交互化的趋势，满足了不同类型客户的需求，是传统出版业早期数字化发展的重要产品形态。其标志性产品是 1998 年美国业者推出的 Rocket e-Book、Soft-book Reader，这也是最早的电子阅读器。

值得注意的是，早期涉足电子书的出版企业将电子书的生产与营销重心放在了电子阅读器的研发和销售上，最终走入"终端为王"的产品误区。伴随从"以设备为核心"到"以内容为核心"的发展理念的更新，适合电子阅读器发展的良性市场正在逐步形成。

②数据库。数据库是一个单位或是一个应用领域的通用数据处理系统，它存储的是企业和事业单位、团体和个人的有关数据的集合。数据库中的数据是人们从全局观念出发搜集的，按一定的模型进行组织、描述和存储。其结构基于的是数据间的自然联系，因此数据库可提供一切必要的存取路径，且数据不再针对某一应用，而是面向全部组织，具有整体的结构化特征。数据库是按照特定专业、行业、学科，汇集海量条目数据，为个人或机构提供服务的产品形态。相较于电子书，它在增强用户的黏性方面优势突出。基于强大的数据存储能力、方便快捷的个性化服务，出版数据库成为学术出版、专业出版的利器。

③在线知识付费。随着智能硬件应用的普及、第四代移动通信技术（4G）的成熟以及移动支付习惯的养成，不同类型的在线知识付费平台开始纷纷涌现。在线知识付费，就是以付费形式获取网络知识点。在线知识付费的本质，就是把知识变成产品或服务，以实现其商业价值。用户之所以愿意为在线知识服务付费，是因为互联网信息庞杂，社会环境趋于专业化与效率化，用户可以根据需要获取个性化、碎片化的知识，以尽可能降低时间成本。

基于此，出版社通过与已有平台合作或自行搭建相关平台，建立垂直化、细分化的出版产品矩阵。没有任何一家在线知识付费平台可以覆盖所有门类以满足用户的差异化需求，这为在线知识付费模式的形成提供了可能。同时，各家大学出版社在自己擅长的领域有丰富的内容资源，以及作者、译者、读者群等人际资源，这为其开展在线知识付费服务提供了可能。

（2）基于出版技术的融合路径分析

基于出版技术的融合路径包括以下四种模式：

①技术外包。技术外包是指传统出版社向技术公司购买问题解决方案，或者直接利用技术公司的产品。这样既能节约成本，又能提高效率。目前有关电子书生产环节的技术问题，都有相应的技术公司提供一揽子解决方案，出版社只需购买技术公司的产品或服务，不必再投入人力、物力、财力去进行技术开发。比如，电子书生产流程技术既适用于纸质图书印刷，又适用于电子书制作，使电子书可以在平板电脑、手机等电子阅读器终端任意转换，可以用于完成任何形式的版式设计。又如，无论是对网页跟踪检测还是对电子书定价进行数据分析，都可以借助技术公司的软件产品。

出版社网站建设大多采用技术外包方式。虽然目前出版社网站大多只具有宣传功能，也有较少出版社将其作为数字平台来运营，但图书内容增值服务的提供、网络课程的发布、电子课件的展示与销售以及编辑与作者、编辑与读者、作者与读者之间的互动也可作为出版社网站的重要功能由技术公司帮助出版社实现。

②技术自主。随着出版融合发展的深化，技术外包开始显露一定的弊端，如技术公司多采用租赁方式，不愿意提供核心技术，且提供的软件大多是固定的，无法满足出版社的个性化需求。在此背景下，一些有一定资金实力的出版社开始尝试组建自己的技术团队，

在争取国家项目经费支持的基础上甚至投资成立自己的数字出版公司。例如，知识产权出版社有限责任公司全资成立了北京中知智慧科技有限公司、北京中献电子技术开发有限公司等多家技术公司，这些技术公司相继开发了"知了网""来出书"等数十个平台，这些自主技术在一定程度上也带来了可观的市场收入。

③并购。并购指的是两家或更多的独立企业合并组成一家企业，通常由一家占优势的公司吸收合并一家或多家企业，是企业为获取自身发展需要的战略资产而进行资本运作的行为。基于融合发展的特性，出版企业的并购一般是跨界并购。跨界并购是指针对其他领域或其他行业企业的并购。事实上，出版企业要想通过融合发展做大做强，那么进行跨界并购以掌握先进的数字技术是一条很好的突破路径。

国外比较典型的企业是亚马逊公司。2005 年，亚马逊公司并购 Mobipocket 和 Booksurge，前者是法国一家提供电子书和移动阅读技术服务的公司，后者是全球最大的按需印刷公司。这两次并购使亚马逊公司的触角延伸至出版行业。2007 年，亚马逊公司并购美国最大的独立有声读物出版商 Brilliance Audio。2009 年，亚马逊公司并购电子阅读软件开发商 Lexcycle，允许用户把各种格式的电子书转移到亚马逊公司设计和销售的电子阅读器 Kindle 中。2011 年，亚马逊公司与图书作者直接签约出版电子书，最终完成了从销售商向出版商的转型。在国内，2011 年，中南出版传媒集团股份有限公司和华为技术有限公司联手对天闻数媒科技（北京）有限公司进行增资重组，进入数字阅读市场。2012 年，时代出版传媒股份有限公司向安徽电子音像出版社注资 5 000 多万元，将其更名为时代新媒体出版社有限责任公司。

对于企业而言，并购是一个战略决策过程，需要认真研究、反复论证，尤其要对自己在内容、渠道、品牌、人才、管理、技术等方面的资源优势作出准确评估和判断。

④合作。融合出版合作模式多种多样，关键是出版社要对自身专业优势进行战略分析和判断，从而选择最适合自己的合作模式。融合出版合作多体现为出版"走出去"这一特定模式，其大致有内容融合合作、渠道融合合作和产业与资本融合合作三种路径。

第一，内容融合合作。优质内容是出版的核心，出版"走出去"一定要解决好如何让外国读者更好地了解中国、认识中国的关键问题。内容融合合作就是根据国外读者的思维习惯和阅读方式量身打造产品，直接邀请海外优秀作者进行创作，在内容风格上体现中国元素，在语言表述上体现当地的语言特征，同时制作全格式配套音频电子书，满足读者多介质、多渠道的阅读需求。

第二，渠道融合合作。渠道融合合作的特征是突出线上线下融合、国内国外拓展，根据不同国家和地区读者的阅读倾向和喜好，制定有针对性的销售渠道策略，以获得营销附加值。例如，山东友谊出版社有限公司重点打造的尼山书屋对拥有数字版权的图书进行全格式数字化加工，接入美国赛阅公司的数字馆配平台及英国加德纳斯公司数字媒体平台，同步接入全球数字图书零售终端销售平台，真正实现了图书销售平台的无缝对接。

第三，产业与资本融合合作。与其他合作路径相比，产业与资本融合合作的范围更大、空间更广阔，也更有利于融合品牌的创建。例如，通过国际讲坛搭建思想、学术、文化的国际交流平台，通过国际教育整合国际文化教育资源，通过国际展演举办巡回展演与文化交流活动等。这类合作可以是股权合作，也可以是项目合作，目标是打造新的商业模式，实现真正意义上的商业价值，提升品牌价值，从而实现社会效益最大化。

（3）基于出版渠道的融合路径分析

基于出版渠道的融合路径包括以下三种思维模式：

①以网站思维实现出版融合。一是出版社利用自身优势搭建网站平台，二是出版社和新媒体公司"联姻"搭建网站平台。目前几乎所有的出版社都建有自己的网站，不同的是，有的网站仅仅是一个宣传平台，而有的网站已具有销售功能。

②以技术思维实现出版融合。利用新技术开发新介质产品、创新产品形态，是目前实现产品融合的主要手段。利用这些手段，如微信公众号、有声读物、视频直播等，可以主动创造用户的新需求。

③以互联网思维实现出版融合。将互联网思维融入出版渠道，可以重塑出版边界、重构出版产业。相信不久的将来，出版界也会出现类似美团、淘宝等的基于互联网思维的发展业态。

出版社融合发展路径优缺点分析如表5-1所示。

表 5-1 出版社融合发展路径优缺点分析

路径	模式	优点	缺点
基于出版内容的融合	电子书	内容表现形式多样，信息量大，携带方便，软件设计较人性化	依赖设备，缺乏独立性，不易被普及；出版社只是内容提供者
	数据库	逻辑性强，具有高效、可靠、完整、自同步特性，适合用来检索	用户黏性强，对硬件和网络条件要求高，只适用于科技类出版社
	在线知识付费	内容庞杂，以流量为导向，可实现多场景运用；在线知识适合碎片化阅读	依赖平台建设，用户多为头部客户；只适用于文学类或教育类出版社
基于出版技术的融合	技术外包	节约人力、物力成本，效率高，适用于大部分出版社的网站建设	出版融合度低，盈利能力弱，技术公司无法提供核心技术，融合发展缺乏内在动力
	技术自主	满足出版社个性化需求，容易获得国家项目经费支持，有利于拓展融合发展的广度和深度	资金投入较多，时间周期较长，对出版社内部机制和人才队伍建设要求较高
	并购	可实现技术与出版的深度融合，有利于融合发展做大做强	企业需要对并购双方的优势有较为深刻的认识；风险较高；并购过程中，博弈激烈
	合作	融合方式灵活，空间广阔，有利于提升品牌价值，有利于出版"走出去"	优质合作伙伴的选择难度大；融合过程中的协调成本高
基于出版渠道的融合	网站思维	拉进了出版社与用户的距离，宣传效果好，是传统出版模式的有益补充	信息反馈滞后，销售功能有限
	技术思维	可开发新介质产品,创造用户需求，具有销售功能	对技术支持的要求高,需专业的新媒体开发和维护团队
	互联网思维	可以重塑出版边界，重构出版产业；数据收集和分析功能强大	对资金、技术、人员素质的要求较高，需要改变出版业线性组织模式，难以体现提升客户价值的知识服务特征

（4）以知识服务为特征的融合路径分析

随着知识经济时代的到来，出版界逐渐意识到知识服务在融合发展中的推动作用，开始探索以知识服务为特征的融合发展路径。在各级财政部门和主管主办单位的关注和支持下，以各类知识服务平台为主要形式的融合出版转型成果陆续投入运营。传统出版业中的图书被解构、转化成音频课、直播课、视频课或训练营、主题式的学习社群等，丰富了知识服务的供给侧市场。但目前，以知识服务为特征的融合发展路径仍处于探索阶段，尤其是对大学出版社而言，如何通过融合发展战略模式的选择，回归为教学、科研服务的功能定位，仍是摆在其面前的现实问题。

综上所述，经过二十多年的努力，我国传统出版企业通过融合发展，已经形成了比较成熟的产品模式或运作模式。从单一形态到多样形态，从技术外包到技术自主或并购、合作，从卖产品到关注服务，我国传统出版企业初步走出了一条渐进的发展道路。

5.2　路径选择面临的问题与挑战

从以上分析可以看出，对大学出版社而言，上述路径都有一定的可行性。因此在融合发展初期，多数大学出版社在国家政策鼓励下，尤其是在专项资金支持下，第一时间迈开了融合发展的步伐。但随着融合发展的深入，大学出版社推动多路径发展越来越吃力，路径选择面临的问题与挑战也越来越大，原因如下：

5.2.1   融合发展已进入深水区

在大学出版社融合发展取得重大成果的同时，一些深层次的问题开始显现，这在一定程度上制约着出版融合下一阶段的发展，也标志着融合发展已进入深水区。首先，出版业庞大的数据资源，特别是流量数据资源和用户数据资源，还未得到有效利用，以数据驱动出版融合发展的模式还未形成，大学出版社对数据资源的重视程度和使用效率还处于非常低的水平。其次，各大学出版社之间、出版产业链上下游之间、出版产业与其他产业之间，还未建立起影响力巨大的融合平台，且出版业现有的资源未得到有效整合，体现大学出版社知识服务融合特征的平台及资源尚处于各自为政的状态。再次，大学出版社的用户资源建设还在初级阶段，融合平台的用户数量较少、活跃度不高，用户的规模效应及其带来的价值还未凸显。最后，大学出版产业内部及跨行业、跨地区和跨国界的融合程度还较低，各方尚未形成全方位的连接，出版融合产品的国际竞争力还较弱。

5.2.2   新媒体优先未能充分体现

大学出版社的内容生产仍以满足传统用户的需求为主，文字、图片、视频仍呈各就各位的"分离"状态，远未实现多位一体的融合。策划选题的内容、视角、宣传等并不匹配新媒体的传播方式，也不符合互联网环境里的受众需求。生产过程中，知识服务手段落后。营销渠道的融合缺乏想象力，传统媒体尚未实现与新媒体的深度融合。

5.2.3　线性分割组织流程未改变

随着媒体融合向纵深发展，大学出版社体制机制上的约束逐渐显现，原有的线性分割组织流程尚未改变，融合发展缺乏内在动力。部分大学出版社重视技术创新、原创内容打造和资金投入，但未形成能够适应深度出版融合的成熟的策编发流程和体系，仍然沿用原有的层级把关的线性传播机制，致使内部信息流动缓慢，融合出版整体生产效率偏低。部分大学出版社在融合发展转型升级过程中未能深刻把握融媒体生产规律，在新媒体机构的建立方面始终迈不开步子，难以独立开发融媒体技术，导致融合发展效果并不显著。

5.2.4　融合出版资源配置与知识服务脱节

所谓融合出版资源，是指与融合出版产品形成有关的各种要素的集合。一是生产内容资源，它是直接构成出版物使用价值的知识内容的选题来源，也是出版社的核心资源；二是其他生产要素资源，包括技术、人力、资金等。目前大学出版社在资源配置方面存在的问题如下：

①所开发的融合出版资源的价值不能体现知识服务的特征，尤其不能体现融合知识服务的特征。

②融合出版资源的要素配置与知识服务要求不协调，主动性和针对性都不够。

③融合出版资源的要素配置成本与知识服务创造的价值不匹配。

5.3　大学出版社融合发展路径选择策略

5.3.1　大学出版社向知识服务型转型升级的意义

大学出版社融合发展的目标是为用户提供更具有针对性的产品及优质服务，以用户的实际需求为核心展开具体分析，将互联网技术与多元化的知识服务模式相结合。其意义在于：

（1）实现知识传播最大化发展目标的必然选择

我国很多传统出版社以纸质资料为载体，以点对点为主的方式进行知识传播，知识储存量也受到一定的限制。而现阶段，互联网技术飞速发展，被大学出版社广泛应用。互联网图书馆、知识数据储存库等已经成为大学生出版社传播知识、提供服务的重要途径。传统模式下的大学出版社的专业性比较强，图书种类也具有多种多样的特点，大学出版社如果只对专业性读者提供服务，就会使很多有价值的图书被"冷落"，长此以往就会使其失去使用价值。因此，大学出版社为了解决这一问题，向知识服务型出版社转型升级，更加注重其与互联网企业的融合发展，这是大学生出版社今后实现知识传播最大化发展目标的必然选择。

（2）满足大学出版社彰显专业出版、学术出版定位的实际需求

我国大学出版社与欧美出版社在实际发行方式、出版内容上存在较大差异。欧美出版社一般以商业出版社、教材出版社及专业出版社为主；而我国大学出版社以学术专著出版为主。目前，在我国，

大学出版社经过长时间的融合发展，其出版内容越来越新颖，专业性特征越来越突出，在一定程度上能够有效满足其彰显专业出版、学术出版定位的实际需求。随着科技时代的来临，人们越来越注重专业学术研究，大容量的知识储存、新颖的知识查询方式成为人们关注的重点内容。很多大学出版社积极运用互联网技术不断扩大知识储备量，在丰富专业学术出版资源的同时，最大限度地实现与时代融合发展的目标。

（3）建立中国学术话语及评价体系的本质要求

因为长时间受到西方学术话语体系的影响，自然科学及人文社会科学知识虽然在我国得到广泛传播，但是出版界、学术界等领域都以模仿为主，缺乏自身的特色。因此，在此过程中，我国要积极建立具有中国特色的知识服务平台，要构建完善的中国学术话语及评价体系。随着我国整体经济水平的不断提升，我国科研技术也在不断发展变化，我国大学出版社要在转型升级过程中，充分发挥工作职能，在实际经营过程中更加注重知识服务转型路径的选择。

5.3.2 大学出版社向知识服务型转型升级的特征

目前大学出版社向知识服务型出版社转型升级有以下特征：

①以融合出版内容为基础。集聚优质知识资源不仅是对传统出版的要求，也是对数字出版的要求。对出版而言，网络为内容集聚提供了实体出版无法达到的边界。资源就是生产力，其在出版融合发展时代的作用更为明显。提供知识服务，优质知识资源不可或缺，大学出版社融合发展若无优质知识资源作为根基，知识服务的质量就得不到保证。

②以新媒体技术为支撑。互联网拉近了出版社与用户群体的距离。大学出版社要满足用户在学习、分享、社交、互动、场景体验等方面的深层次多元化需求，提供知识检索、文本挖掘、数据关联等便捷服务，必须以迭代最新技术为支撑。

③以提升客户价值为中心。内容、技术、平台、渠道在出版融合发展中缺一不可，但最终的指向是用户。提升客户价值就是树立用户至上的理念，在深入了解用户个性需求的基础上，为用户提供个性化的知识服务。只有提升客户价值，才能增强客户获取知识的积极性和主动性，才能为促进出版融合发展提供动力，这也是知识服务的目的之所在。

5.3.3 大学出版社融合发展模式的构建

在"互联网+"的时代背景下，出版社融合发展路径选择应着眼于模式的构建。从现实出发，大学出版社应充分利用大学资源，走专业化、特色化发展之路，其核心是提供知识服务。综合来看，大学出版社融合发展知识服务模式的路径选择有三种：

（1）构建具有自身特色的知识服务模式

随着时代的发展变化，人们对大学出版社的要求越来越严格。大学出版社为了实现向知识服务型转型升级，开始对自身的结构特色进行全面分析，注重构建融学术成果发布与交流为一体的学术出版知识服务模式。实际上，纯电子化（e-only）和开发获取已经成为学术出版未来的发展趋势。基于此，我国大学出版社应该充分利用自身特色，将知识重组、关联作为其转型升级的重要手段；在积极运用互联网技术对信息数据进行深入挖掘的同时，融学术成果发布与交流为一体，构建知识服务体系，这样既能丰富学术出版内容资源，又能利用新技术对内容资源进行深度开发。

①结合自身特色构建完善的大学学术出版平台。大学出版社应紧紧围绕大学各个学科的教学特色与专业优势构建知识服务体系，积极运用互联网技术对客户的实际需求进行分析、整合，更加注重各项需求之间的关联性分析。现阶段，通过运用互联网技术，可以对用户关心、浏览的具体信息进行全面统计，并对无效信息进行过滤处理，这样大学出版社就可以进行准确预测，能够最大限度实现"信息寻找客户"的目标。用户前期寻找的相关内容可以被自动推送。通过这一路径的选择，简易信息聚合（RSS）技术及知识发现系统被广泛运用，能够为用户提供更精准的信息数据，这对提升用户的情感体验帮助较大。

②构建数字化图书馆、个性化知识服务体系。大学出版社在向知识服务型转型升级的过程中，要积极运用语义碎片化技术，对内容资源进行多元化分割处理，可以按照不同行业工作人员的需求对内容资源进行重新组合，这样既能使其充分发挥知识扩张的功能，又能将互联网技术与知识服务体系进行有效融合，进一步形成内容资源重置、自主出版的定制服务体系。在互联网时代的长期影响下，学术产品具有短、平、快的特点，大学出版社在发展学科及开发纸质产品手机软件的影响下，不仅能够提供更多的电子化学术文章内容，也能够为今后完善知识产品结构创造条件。大学出版社注重个性化发展建设，在一定程度上能够促进自身的多元化发展，在与互

联网时代完美融合的状况下，为今后提升服务价值奠定基础。

③按照客户实际需求开展印刷工作。按需印刷方式的运用能够在满足订单需求的同时，减少无效储存量，是今后大学出版社向知识服务型转型升级的重要途径。随着出版社管理人员工作观念的转变，按需印刷方式已经被大学出版社广泛应用，其在初次印刷中应用的比例在30%左右，在再次印刷中应用的比例在90%以上。通过按需印刷方式的运用，大学出版社能够对印刷资源进行合理配置，这样不仅能降低实际运营成本，也能激发客户需求，为今后构建知识服务体系创造条件。

（2）构建教育出版知识服务模式

随着时代不断发展进步，用户已不仅仅局限于关注传统纸质材料中的内容，更多的是将自身的注意力集中在线自主出版、数字化定制等的内容上。用户的学习需求在不断变化，知识传播的方式方法也在不断创新。我国大学出版社考虑到这些问题，更加注重出版内容的增值及在线教育体系的建立。

①大学出版社在为客户提供内容时要以纸质教材为载体，利用数字化教学模式进行知识服务。目前我国有很多大学出版社已经开发了在线知识服务平台，根据客户在线阅读的实际信息为客户提供更具有针对性的知识服务。此外，大学出版社还可以将二维码植入大学教材，这样就可以使用户通过扫描二维码与师生进行及时互动，实现线上与线下知识服务模式的有效结合，能够为今后增加知识传播途径创造条件，同时这是开启增值服务的关键环节。

②运用互联网技术增设自主学习及互动环节。比如，某大学出

版社在建设"智学堂"在线服务平台的过程中就增设了自主学习及互动环节，以教材内容为重要依据，以知识体系为基本框架，将线上与线下知识服务模式进行有效结合，为互动环节提供有力支撑。基于此，大学出版社还可以与其他领域出版社进行合作，有效融合教材资源，提供个性化服务，围绕电子化和数字化发展目标，进一步推动融合发展。

③以客户需求为基础，由提供标准化服务向提供个性化服务转变。大学出版社在网络环境的影响下，要更加注重数字化与智能化目标的实现。大学出版社可以将标准化教材转变为个性化教材，将实际学习状况、学习测评方式、学习技能融合，制订综合解决方案。大学出版社从客户的角度出发，最大限度满足客户多元需求，构建具有针对性的在线服务平台，能在提高服务质量的同时，提升品牌美育度。

（3）构建专业出版知识服务模式

大学出版社应以优势资源为基础构建专业出版知识服务模式。在传统知识服务模式下，我国大学出版社涉及的业务范围比较窄，专业性要求比较高。大学出版社经过多年的历练，知识储备更加丰富，专家队伍也更加庞大。现阶段的大学出版社在运用先进技术对在线服务平台进行深入挖掘，做出专业决策的同时，也为今后构建专业出版知识服务模式探索新路径。

①大学出版社应利用专业优势，积极建立专业出版数据库，不断丰富用户资料信息，将数据分析与科学决策进行整体融合，并积极运用软件为用户提供更加专业化的服务。除此之外，大学出版社

基于在线服务平台可以成为各个行业的信息公布者及标准制定者，为用户提供问题咨询、信息查询、决策参考等方案，便于用户使用。

②将编辑、营销等传统出版活动与专业知识有效融合。建立知识服务平台是一个动态过程，需要平台建设者在注重用户情感体验的同时，将专业知识体系与知识管理状况有效整合。大学出版社的专业知识体系不仅能够用于对各个领域的数据、客户需求信息进行统一整合，还能用于对未来各个行业的发展趋势进行预测。这对我国大学出版社打破传统模式限制具有重要意义。因此，大学出版社将编辑、营销等传统出版活动与专业知识有效融合，是其解决知识服务转型问题的重要途径。

本章小结

本章从出版社融合发展路径选择现状出发，分析了基于出版内容的融合、基于出版技术的融合、基于出版渠道的融合及以知识服务为特征的融合四个阶段的发展情况，指出目前大学出版社在融合发展中面临融合发展已进入深水区、新媒体优先未能充分体现、线性分割组织流程未改变、融合出版资源配置与知识服务脱节等挑战和问题，提出了三条构建大学出版社融合发展知识服务模式的路径选择建议。

6　研究回顾与研究展望

6.1 研究回顾

融合发展已在国家层面引起高度重视，大学出版社融合发展在今后相当长的时期内会被作为大学出版社出版高质量发展的最重要的战略选择。大学出版社融合发展的内涵至少应包括内容融合和渠道融合两个重要方面。大学出版社应依托大学优势资源，利用出版新技术，通过融合发展，构建独特的知识服务体系，不断推动出版高质量发展。因此本书的研究重点放在了探索知识服务视角下的大学出版社融合发展内部机制、融合发展人才培养机制及融合发展路径选择上。

本书的研究对以提供知识服务为特征的大学出版社融合发展有重要的理论和现实意义。从理论层面看，探析大学出版社内部机制中各融合要素的相互关系，可以帮助大学出版社在转型升级过程中摆脱内部环境的制约与困境，树立大学出版融合发展新理念。从实践层面看，本书的研究构建了创新型融合出版知识服务长效机制，为决策部门在制定大学出版社融合发展政策时提供了科学的依据和全新的视角。

①对知识服务、出版融合及融合发展路径进行了文献梳理。本书总结了知识服务的发展过程及基本理论、研究主题、研究重点、存在的问题，并对知识服务的未来发展进行了展望；对出版融合的内涵、现状与趋势做了归纳，探讨了出版融合的动因、策略，并对

新冠肺炎疫情下的出版融合进行了研究；对出版融合路径选择的现状进行了分析，对出版融合路径的理论进行了整理、总结，对出版融合路径的实践提出了尝试性建议。

②系统分析了传统出版企业内部机制中存在的问题，并提出了完善大学出版社融合发展内部机制的策略。在融媒体时代，传统出版业不仅担负着文化传播的任务，而且肩负着知识创新的使命。当前，实现出版业的高质量融合发展，已经成为新时代传统出版人的共识。大学出版社在继续做好传统出版工作的前提下，加快开展数字出版业务的步伐，推动实现传统出版与数字出版的融合出版，并取得一定成效，但与其他新业态相比，发展仍然缓慢，且面临诸多问题，如体量偏小、产品和业态不够丰富、资本运营能力有待提升、赢利模式尚未形成等。新的出版生态环境对传统出版的融合创新提出了更高的要求，面对新形势带来的诸多挑战和困难，大学出版社要提高对新媒体的应用能力和融合出版能力，着力打造融合发展的现代出版体系，最终形成良性发展、共生共赢的新型融合出版生态圈。就媒体融合背景而言，融合发展并不是传统出版与数字出版的简单相加，而是不同媒体相互作用，实现理念、流程、技术、内容、队伍、市场等的深度融合，是新旧媒体的生态共享融通与集聚。大学出版社只有创新理念，提高认识，优化内容，加强对先进技术的应用，培养复合型人才，进一步完善内部体制机制，才能实现真正的融合发展。

③在分析大学出版社融合发展过程中人才培养方面存在的主要问题的基础上，提出了培养融合发展人才尤其是中高层管理人才的

建议。融合发展中，人才的培养是一项长期工作，也是大学出版社进行融合出版转型的关键。一方面，融合出版本身就处于动态演进过程中，具有很大的不确定性，需要大学出版社根据实际发展情况不断调整人才培养目标、方向、方案、模式等；另一方面，融合出版实践对相关人员的综合素养提出了更高的要求，这就需要各级主管部门和各大学出版社将人才培养升至战略高度，做到规划先行，分步实施，做好人才储备、培养工作，拟定明确的人才培养方案。

④从出版社融合发展路径选择现状出发，针对大学出版社知识服务特性及大学出版社向知识服务型出版社转型升级的意义，提出了三条构建大学出版社融合发展知识服务模式的路径选择建议。在融合发展背景下，大学出版社借助新技术、新媒介实现知识服务转型，在模式选择上既面临严峻的挑战，又可以通过"弯道超车"重新焕发生机。出版界在融合发展路径选择上大致经历了出版内容融合、出版技术融合、出版渠道融合和以知识服务为特征的融合四个阶段。对大学出版社而言，融合发展已进入深水区、新媒体优先未能充分体现、线性分割组织流程未改变、融合出版资源配置与知识服务脱节等仍是摆在其面前的现实问题。大学出版社应从现实出发，从专业化发展战略角度出发，构建包括教育出版知识服务模式及专业出版知识服务模式在内的具有自身特色的知识服务模式。

6.2 研究展望

大学出版社融合发展是当前大学出版社实现转型升级、出版高质量发展的关键。从知识服务角度出发探索大学出版社融合发展之路，是一个视域独特的研究领域，也是一个较新的研究领域。基于本书的研究结论及研究局限，课题组可在弥补研究缺陷、丰富研究方法和拓展研究内容三方面进行后续研究。

（1）弥补研究缺陷

任何理论创新都需要建立在实践经验的总结基础之上，实践经验的缺乏会导致理论研究的不足。课题组成员虽是大学出版社的一线工作人员，但受限于实践经验的不足，使得研究深度和广度不够。今后的研究需要更多从事融合发展工作的人员参与，以增加实践岗位体验，弥补具体实施措施的不足，突出实践意义。

（2）丰富研究方法

学术研究方法极为丰富，从理论上讲大致有调查法、观察法、实验法、文献研究法、实证研究法、定量分析法、定性分析法等。事实上，我们认为所有在研究过程中采用的方式和使用的技术手段都可称为研究方法。本书的研究主要采用的是文献分析法和问卷调查法。今后的研究可增加以下两种方法：一是实地调研法。通过实地调研，我们可以获得大学出版社融合发展中成功经验和问题所在的一手资料，找出成功和失败的共性，弥补问卷调查中因设计因素单向性而导致的针对性、普遍性不够等缺陷。二是案例分析法。我们将对通过实地调研获得的案例进行分析和总结，提高理论与实践的结合度，在文献调查法的基础上进行实证研究。

（3）拓展研究内容

一是拓展研究对象。后续，课题组至少可以在以下两个方面进行深度研究：

①针对数字化转型试点单位的实践进行深入研究。

②针对国外大学出版社的实践进行深入研究。

通过对以上两类研究对象的实践进行深入研究，可以拓宽研究视野，丰富实证研究内容。

二是完善研究体系。在本课题研究过程中，部分参与人员因工作变动等导致课题设计中部分内容的研究出现缺位，如大学出版社在融合发展战略规划中的误区、融合发展要素辨析及功能定位，这两部分研究内容的缺失会影响整个体系的完整性。今后，课题组可重点对其进行研究，以便得出更为全面的结论。

本章小结

本章通过对全书的内容进行回顾，进一步总结了知识服务视角下的大学出版社融合发展内部机制策略、人才培养机制策略及路径选择策略，同时指出了研究的局限和不足，并对后续亟待深入研究的问题进行了补充说明。

参考文献

［1］敖然. 关于融合出版的学习与思考［J］. 出版参考，2020 (2)：5-8.

［2］白立华. 出版融合发展现状与未来趋势［EB/OL］. (2018-03-15)［2019-04-22］. http://www.cbbr.com.cn/ article/120385.html.

［3］曹继东. 传统出版和新兴出版融合发展模式探析［J］. 出版科学，2016，24 (3)：24-27.

［4］曹继东. 基于数字化技术和互联网思维的"融合出版"［J］. 科技与出版，2014 (9)：15-18.

［5］曹娅. 传统图书出版与新媒体融合发展路径研究［J］. 中国传媒科技，2020 (8)：57-59.

［6］陈茫，张庆普. 我国知识服务研究的演进历程知识图谱与研究态势探讨［J］. 情报资料工作，2018 (2)：80-91.

［7］陈茫，张庆普，陈洁. "知识生态系统"带来图书馆知识创新的新机遇［J］. 图书馆，2016 (5)：15-20.

［8］崔颖. 浅论互联网时代传统出版与新媒体的融合［J］. 科技传播，2020，12 (5)：31-32.

［9］代杨，裴永刚. 基于用户画像的出版企业知识服务商业模式探析［J］. 中国编辑，2021 (5)：48-53.

[10] 方明. 出版融合背景下图书出版的质量把控问题研究 [J]. 传媒论坛, 2020, 3 (13): 80-81.

[11] 费晶. 数字环境下高校图书馆特藏资源建设探析 [J]. 榆林学院学报, 2020, 30 (4): 107-109.

[12] 冯卫东, 何春梅. 大学出版社知识服务的现状、问题与改进路径: 基于 91 家大学出版社的调研 [J]. 现代出版, 2021 (2): 80-84.

[13] 冯卫东, 张明星, 李晓嵩. 知识服务视角下大学出版社融合发展路径探析 [J]. 中国传媒科技, 2020 (7): 23-25, 43.

[14] 高萍, 张晓曼. 出版融合载体: 现代纸书的知识服务模式探析 [J]. 中国出版, 2020 (5): 56-59.

[15] 郭满庄. 出版媒介融合的综合性研究 [J]. 创新创业理论研究与实践, 2020, 3 (16): 168-170.

[16] 韩瑞平. 对高校图书馆实施"知识服务"的探讨 [J]. 科技情报开发与经济, 2006 (17): 18-19.

[17] 杭玫. 出版融合的内容生成机制研究 [J]. 产业与科技论坛, 2020, 19 (1): 227-228.

[18] 郝振省. 出版传媒业"融合发展"概念的再讨论 [J]. 出版发行研究, 2020 (6): 1.

[19] 贺小桐, 刘雨萌. 融合发展背景下出版企业人力资源管理的创新对策研究 [J]. 出版科学, 2017, 25 (5): 5-8.

[20] 黄先蓉, 常嘉玲. 融合发展背景下出版领域知识服务研究新进展: 现状、模式、技术与路径 [J]. 出版科学, 2020, 28 (1): 11-21.

[21] 黄仪萱, 陈静. 中国出版业的出版融合实践与转型自觉 [J]. 人文天下, 2020 (Z2): 49-52.

[22] 贾海燕. 媒体融合时代出版传媒的新思维 [J]. 新闻传播, 2020 (15): 73-74.

[23] 贾晓巍. 智能时代场景下知识服务与出版转型思考 [J]. 中国编辑, 2021 (2): 62-65.

[24] 姜海涛. 浅析融合出版选题策划的多维意识: 以《身边汉字》融合出版项目为例 [J]. 科技与出版, 2020 (2): 72-77.

[25] 柯平. 后知识服务时代的图书馆服务创新 [J]. 高校图书馆工作, 2020, 40 (1): 1-8.

[26] 柯平. 后评估时代公共图书馆评估创新 [J]. 情报资料工作, 2021, 42 (4): 5.

[27] 雷晓艳, 李佳业. 人工智能时代出版业的智慧服务转型: 关键要素与实践模式 [J]. 西部学刊, 2020 (19): 34-38.

[28] 李春艳. 跨界与融合: 后改制时代大学出版社发展路径浅析 [J]. 新媒体研究, 2017 (17): 100-101.

[29] 李大信. 基于大数据的智库知识服务研究 [J]. 创新科技, 2018, 18 (10): 89-92.

[30] 李广宇, 周庆山. 知识服务助推出版深度融合发展的进路思考 [J]. 出版广角, 2020 (13): 12-15.

[31] 李宏艳, 王宏. 知识经济时代出版社知识服务模式探讨 [J]. 知识经济, 2020 (4): 53, 55.

[32] 李慧敏. 面向21世纪的图书馆知识服务 [J]. 情报杂志, 2003 (5): 76-77, 79.

［33］李婧璇．出版融合转型：六大成果和五大问题［N］．中国新闻出版广电报，2019-06-17（4）．

［34］李蕾．传统图书出版与现代互联网的融合［J］．传媒论坛，2020，3（5）：96-97．

［35］李晓鹏，颜端武，陈祖香．国内外知识服务研究现状、趋势与主要学术观点［J］．图书情报工作，2010，54（6）：107-111．

［36］李艳华．出版融合：产品形态、核心任务与技术路径［J］．中国传媒大学学报（自然科学版），2020，27（3）：60-63．

［37］李长真，秦昌婉．融合出版视角下高校教材出版的创新发展［J］．出版广角，2019（22）：41-43．

［38］廉强．出版智库知识服务模式研究［D］．哈尔滨：黑龙江大学，2020．

［39］林晓南．大数据时代高职院校数字图书馆建设研究［J］．中国报业，2018（24）：110-112．

［40］林余荫．广西出版业转型升级的路径选择［J］．传播与版权，2017（9）：35-37．

［41］刘爱民．如何培养造就创新型数字出版人才：以重庆天健互联网出版有限责任公司为例［J］．出版与印刷，2017（4）：12-16．

［42］刘闯．传统出版与数字出版融合对策探析［J］．新闻传播，2020（5）：79-80．

［43］刘春田．知识产权法［M］．5版．北京：中国人民大学出版社，2014：86．

［44］刘佳．突破纸质媒介的融合创新策划尝试：以"与中国院士对话"丛书出版为例［J］．编辑学刊，2018（1）：60-64．

［45］刘家益，郭红梅. 知识服务：图书情报机构的探索与出版机构的反思［J］. 出版科学，2019，27（4）：9-14.

［46］刘家益，邹益民，郭红梅，等. 四位一体：融合出版时代的数字内容资源安全管理策略［J］. 科技与出版，2020（2）：56-60.

［47］刘静，韩瑞平，张媛，等. 面向创新人才培养的高校图书馆协同教学服务模式及评价体系研究［J］. 情报探索，2020（12）：97-102.

［48］刘琳. 内容增值与场景化营销：作为出版融合发展新方向的"现代纸书"［J］. 北京印刷学院学报，2020，28（8）：7-9.

［49］刘睿，欧剑. 融合出版中总编辑版权风险管理要务［J］. 科技与出版，2020（11）：41-44.

［50］刘晓嘉. 媒介融合语境下的融合出版［J］. 华中传播研究，2016（2）：95-103.

［51］刘永坚，白立华，施其明，等. 新技术引领的出版融合模式创新：以 RAYS 系统为例［J］. 中国传媒科技，2020（3）：36-37.

［52］刘志伟. 纸书出版+平台建设 出版发展智库体系正逢契机［EB/OL］.（2016-11-08）［2019-10-28］. http://ex.cssn.cn/ts/ts_wxsh/201611/t20161108_3269247.shtml.

［53］刘中飞. 知识战"疫"时代的数字出版现状与融合发展趋势［J］. 中国传媒科技，2020（5）：104-108.

［54］柳斌杰. 建立出版职业经理人制度，提升出版的两个效益［J］. 出版参考，2015（3）：1.

［55］鹿峰，孙连嵩. 出版社数字发行的转型升级路径［J］. 黑龙江科学，2019，10（9）：138-139.

［56］罗章莉. 5G 时代出版融合发展前景的思考［J］. 传播与版权，2020（6）：113-115，121.

［57］吕小梅. 优化出版企业人力资源管理的对策 建立健全人才激励机制［J］. 价值工程，2012（23）：145-146.

［58］马双. 增强现实（AR）技术下融合出版的实施路径［J］. 中国编辑，2020（Z1）：93-96.

［59］孟豫筑. 疫情之下的出版融合发展策略探析［J］. 全国新书目，2020（6）：50-51.

［60］那明. 传统出版与数字出版融合发展探析［J］. 赤峰学院学报（自然科学版），2020，36（7）：82-87.

［61］宁良凌. 新时代背景下主题出版的融合创新［J］. 科技传播，2020，12（11）：37-39.

［62］曲会. 新形势下传统行业型出版社转型升级发展路径分析［J］. 新闻研究导刊，2018，9（21）：194-195.

［63］饶国慧. 基于混合式学习的教材出版融合创新之路：以上海外语教育出版社"新目标大学英语系列教材"为例［J］. 出版广角，2020（5）：53-55.

［64］任俊为. 知识经济与图书馆的知识服务［J］. 图书情报知识，1999（1）：28-30.

［65］上海社科院智库研究中心. 2013 年中国智库报告［M］. 上海：上海社会科学出版社，2014.

[66] 申静，蔡文君，毕煜. 智库研究的现状、热点与前沿 [J]. 情报理论与实践，2020，43 (12)：33-41.

[67] 苏强强. 浅论互联网时代出版行业的融合之路 [J]. 采写编，2020 (4)：145-146.

[68] 孙树光. 浅谈高校图书馆知识服务能力的现状及对应措施 [J]. 科技视界，2018 (15)：191-192，190.

[69] 孙瑶. 传统出版企业的融合出版模式探析 [J]. 传媒论坛，2020，3 (20)：95.

[70] 谭彩霞，湛江. 新媒体融合时代我国图书出版的现状及对策分析 [J]. 金陵科技学院学报，2020，36 (1)：44-47.

[71] 谭蓉蓉. 融合出版的内容价值与知识服务 [J]. 传媒论坛，2020，3 (2)：102.

[72] 唐林. 新世纪图书馆服务范围的扩展：知识服务——图书馆学研究热点综述 [J]. 新世纪图书馆，2008 (2)：17-20.

[73] 王建，付小艳. 数字出版编辑思维转型：从编辑走向产品经理 [J]. 中国出版，2019 (4)：35-38.

[74] 王军. 论融合出版的发生及其内涵 [J]. 新媒体研究，2019，5 (23)：36-38.

[75] 王君. 简析媒体融合下的出版转型发展模式 [J]. 新闻研究导刊，2020，11 (13)：183-184.

[76] 王亮，张佳倩. 4G/5G 过渡时期出版业融合发展策略 [J]. 中国出版，2020 (18)：15-20.

[77] 王强. 关于传统出版单位实施融合出版的几点思考 [J]. 新闻研究导刊，2020，11 (3)：192-193.

［78］王晓红.短视频助力深度融合的关键机制：以融合出版为视角［J］.现代出版，2020（1）：54-58.

［79］魏如萍.融合出版背景下学术图书数字出版的思考［J］.科技传播，2019，11（13）：186-187.

［80］魏小薇.融合出版格局下的对策分析［J］.新闻研究导刊，2015，6（21）：123.

［81］魏玉山.以出版融合促进高质量发展［J］.编辑学刊，2020（1）：1.

［82］文晓琴.大数据、人工智能新技术背景下图书馆知识服务创新［J］.科技传播，2021，13（11）：136-138.

［83］吴敏.全产业链的嵌入与耦合：数字出版融合发展策略［J］.现代视听，2020（2）：74-77.

［84］夏显夫.传统图书出版与现代互联网的融合思考［J］.传媒论坛，2020，3（17）：76，78.

［85］项姝珍.高校图书馆知识服务的互动生态圈［J］.内蒙古科技与经济，2021（8）：110-112，115.

［86］肖翔雄，刘孟玲.大学出版社人力资源人才心理资本现状调查与分析［J］.出版参考，2015（6）：19-23.

［87］新华社.两部门印发关于推动传统出版和新兴出版融合发展的指导意见［EB/OL］.（2015-04-09）［2021-01-01］.http://www.gov.cn/xinwen/2015-04/09/content_2844294.htm.

［88］徐东，崔然.我国数字出版融合发展趋势探讨［J］.出版广角，2020（5）：15-18.

［89］徐修德，刘钒.基于CiteSpace的国内知识服务研究分析［J］.图书情报导刊，2020，5（7）：26-33.

［90］薛倩琳.大数据背景下传统出版与新媒体的融合发展［J］.中国传媒科技，2020（3）：50-52.

［91］杨雅云.数字出版与传统出版产业链的融合与发展［J］.新闻研究导刊，2020，11（13）：186-187.

［92］姚远，徐世东，郝群，等.基于大数据的高校图书馆知识创新服务研究［J］.中国电化教育，2019（2）：110-117.

［93］佚名.打造学术精品 服务教育事业 河南大学出版社隆重推出《中国新兴版画》(1931—1945)［J］.史学月刊，2019（9）：138.

［94］佚名.中国医药科技出版社系列杂志优秀论文评选活动通知［J］.实用临床护理学电子杂志，2019（28）：199.

［95］于殿利.论媒体融合与出版的关系［J］.现代出版，2020（2）：59-65.

［96］俞湘华.5G时代下主题出版的融合发展思考［J］.出版广角，2020（3）：25-27.

［97］詹婧，张仁琼.高校图书馆知识服务研究现状及主题演化分析［J］.图书馆工作与研究，2019（5）：54-60.

［98］张静.数字出版融合传统出版发展方向的研究［J］.传媒论坛，2020，3（4）：112.

［99］张莉婧.出版融合背景下数字出版内容审核策略［J］.中国传媒科技，2020（7）：17-20.

［100］张晓林.走向知识服务：寻找新世纪图书情报工作的生长点［J］.中国图书馆学报，2000（5）：30-35.

［101］张晓林. 走向知识服务［M］. 成都：四川大学出版社，2001.

［102］张晓林. 支持复杂场景下的决策智能：数据分析与知识发现的新挑战［J］. 数据分析与知识发现，2021，5（1）：1-2.

［103］张新娜. 大数据时代智慧图书馆建设路径分析［J］. 图书馆研究，2014，44（1）：9-13.

［104］张新新. 传统出版与新兴出版深度融合，推进数字出版高质量发展：2019年度数字出版盘点［J］. 科技与出版，2020（3）：13-27.

［105］张盈盈. 关于传统教辅出版融合发展的探索与思考［J］. 出版与印刷，2020（2）：89-93.

［106］张长举. 基于二维码技术的融合出版策略探究［J］. 传播与版权，2020（5）：140-141，144.

［107］张宗芳. 事以才立，业以才兴：论出版业人才教育［J］. 出版广角，2017（2）：11.

［108］章红雨. 柳斌杰：出版业改革创新抓准着力点［N］. 中国新闻出版广电报，2019-01-09（1）.

［109］赵宏源. 融合出版的内涵解读与趋势展望［J］. 中国传媒科技，2020（7）：7-10.

［110］郑晨阳. 图书出版与新媒体融合发展的路径选择［J］. 企业改革与管理，2020（10）：51-52.

［111］钟华. 发挥特长 快速反应 融合出版 助力抗"疫"：中国外文局局属出版社在行动［J］. 新阅读，2020（3）：14-16.

［112］钟蕾. 出版社知识服务研究的演进、热点与展望［J］. 新媒体研究，2020，6（17）：114-117.

［113］钟蕴华. 地方性主题出版的精品策略与媒介融合探析：以岭南文化有声图书"绘声绘色看方言"丛书为例［J］. 出版与印刷，2020（2）：86-89.

［114］周百义. 从三个维度看融合出版［J］. 中国出版，2019（1）：15-17.

［115］周红，潘俊成. 传统出版与数字出版融合的多元化发展思路：以中国矿业大学出版社为例［J］. 新媒体研究，2019，5（5）：104-106.

［116］周金辉，淡智慧. 立体化打造原创融合出版产品的探索与实践：以"中华治水故事"MPR 出版物项目为例［J］. 出版参考，2019（10）：47-49.

［117］周衍震，吴国邦. 基于能力导向的出版业人才激励机制构建［J］. 出版广角，2015（10）：54-55.

［118］周卓. 回归与复兴：从现代纸书看出版融合的新方向［J］. 中国编辑，2020（Z1）：97-101.

［119］朱波，张姝末. 基于数据驱动的高校图书馆新型智库知识服务机制研究［J］. 图书馆学刊，2019，41（9）：80-83，87.

［120］朱胜龙. 论出版融合发展的内在必然性和持续性［J］. 出版广角，2020（14）：29-31.

［121］朱松林. 用户观念推动传统出版与新兴媒体融合：前提和路径［J］. 编辑之友，2015（6）：18-22.

［122］朱新铭，刘伟波. 创新驱动战略下图书馆新型智库知识服务发展路径研究：以滨州市图书馆为例［J］. 科技创新导报，2019，16（36）：252-253.

［123］APPELGREN E. Convergence and divergence in media：different perspectives［J］. Numerical analysis & computer science nada，2004（6）：237-248.

［124］BIRADAR U B，KHAMARI L，BHATE S. Transforming 50 years of data：a machine learning approach to create new revenue streams for traditional publishers［J］. Information services & use，2018：61-65.

［125］CAVALCANTE S，KESTING P，ULHQI J. Business model dynamics and innovation：re-establishing the missing linkages［J］. Management decision，2011，49（8）：1327-1342.

［126］FETSCHERIN M，KNOLMAYER G. Business models for content delivery：an empirical analysis of the newspaper and magazine industry［J］. The international journal on media management，2004，6（2）：4-11.

［127］FLAVIAN C，GURREA R. The choice of digital newspapers：influence of reader goals and user experience［J］. Internet research，2006，16（3）：231-247.

［128］HUANG A. The era of artificial intelligence and big data provides knowledge services for the publishing industry in China［J］. Publishing research quarterly，2019（35）：164-171.

［129］HUHTALA J P，SIHVONEN A. The role of learning in e-reading service development［M］. Vantaa：Laurea Publications，2012.

［130］JENKINS H. Convergence culture：where old and new media collide ［M］. New York：New York University Press，2006.

［131］KIRKPATRICK D. Random house is dropping e-book imprint but not e-books ［N］. The New York Times，2002-01-17.

［132］LEMINEN S，HUHTALA J P，RAJAHONKA M，et al. Business model convergence and divergence in publishing industries ［C］// LUGMAYR A，ZOTTO C D. Media convergence handbook. London：Springer，2016：187-200.

［133］MCPHILLIPS S，MERLO O. Media convergence and the evolving media business model：an overview and strategic opportunities ［J］. Marketing review，2008，8 （3）：237-253.

［134］MILLIOT J. Authors，agents challenge Random/BBD merger ［J］. Publishers weekly，1998，245 （17）：10.

［135］MONTPETIT M J. The 2nd convergence：a technology viewpoint ［M］. Berlin：Springer，2016.

［136］NINA D. New media as catalysts for change in the transformation of the book publishing industry ［J］. International journal on media management，2002，4 （2）：66-74.

［137］NOAM E M. Deregulation and market concentration：an analysis of post-1996 consolidations ［J］. Federal communications law journal，2006，58 （3）：539-549.

［138］NOAM E M. Media ownership and concentration in America ［J］. Journal of American culture，2009，33 （4）：348-349.

［139］QIESTAD S, BUGGE M M. Digitisation of publishing：exploration based on existing business models ［J］. Technological forecasting and social change, 2014（83）：54-65.

［140］RATAN K. Driving a vision of publisher efficiency through collaboration ［J］. Information services & use, 2018, 38（2）：1-5.

［141］RAYPORT J F, JAWORSKI B J. Cases in e-commerce ［M］. Boston：McGraw-Hill, 2002.

［142］SALTZIS K, DICKINSON R. Inside the changing newsroom：journalists' responses to media convergence ［J］. Aslib proceedings, 2008, 60（3）：216-228.

［143］SENFTLEBEN M, KERK M, BUITEN M, et al. New rights or new business models? An inquiry into the future of publishing in the digital era ［J］. International review of intellectual property and competition law, 2017（48）：538-561.

［144］SMART P. Publishing during pandemic：innovation, collaboration, and change ［J］. Learned publishing, 2020, 33（3）：194-197.

［145］TIAN X, MARTIN B, DENG H. The impact of digitization on business models for publishing：some indicators from a research project ［J］. Journal of systems and information technology, 2008, 10（3）：232-250.

［146］VOGEL H L. Entertainment industry economics：a guide for financial analysis ［M］. Cambridge：Cambridge University Press, 2014：387-409.

［147］WANG B, MAO W, LI G. China's digital publishing moving towards in-depth integrated development ［J］. Publishing research quarterly, 2019, 35（4）: 1-22.

［148］WESTERLUND M, RAJALA R, LEMINMN S. SME business models in global competition: a network perspective ［J］. International journal of globalisation and small business, 2008, 2（3）: 342-358.

［149］YOFFIE D B. Introduction: chess and competing in the age of digital convergence ［M］. Boston: Harvard Business School Press, 1997.

［150］ZHANG J. The integration of technology and the publishing industry in China ［J］. Publishing research quarterly, 2017, 33（2）: 1-10.

［151］ZHANG L, WU S. China's digital content publishing industry: the 2019 annual report on investment insights and market trends ［J］. Publishing research quarterly, 2020, 36（2）: 258-283.

［152］ZOTTO C D. Media Convergence as evolutionary process ［M］. Berlin: Springer, 2016.

附录

附录1 本课题研究成果（见附表1）

附表1 本课题研究成果

序号	论文	作者	期刊	发表时间
一、前期研究成果				
1	《全球化背景下编辑出版人才培养探讨》	张明星	《中外交流》	2016年1月
2	《图书出版的数字化转型与创新探索》	张明星	《新媒体研究》	2016年4月
3	《试论数字媒体出版物和传统书籍的未来关系》	李特军	《传播与版权》	2016年6月
4	《商业智能在当下出版社中的运用》	李特军	《科技传播》	2016年6月
5	《新媒体环境下出版物版权保护探析》	冯梅	《淮海工学院学报》	2017年7月
6	《编辑力：从创意、策划到人际关系》	冯梅	《中外企业家》	2017年11月
7	《大学出版社微信公众号运营如何破局?》	何春梅	《传播力研究》	2017年12月

附表1（续）

序号	论文	作者	期刊	发表时间
二、后期研究成果				
8	《知识服务：大学出版社转型升级的路径探究》	冯卫东 张明星	《传播与版权》	2020 年 1 月
9	《后疫情时代大学社融合出版人才战略分析:基于波特五力模型的视角》	冯卫东 何春梅 李玉斗	《编辑学刊》	2020 年 6 月
10	《知识服务视角下大学出版社融合发展路径探析》	冯卫东 张明星 李晓嵩	《中国传媒科技》	2020 年 7 月
11	《大学出版社知识服务的现状、问题与改进路径：基于 91 家大学出版社的调研》	冯卫东 何春梅	《现代出版》	2021 年 2 月
12	《大学出版社融合发展内部机制研究》	冯卫东 冯梅 李筱	《编辑学刊》	2021 年 9 月

附录 2 大学出版社中高层管理人员工作满意度调查问卷

1. 您所在出版社的名称是?

2. 您在出版社担任中高层管理职务的时间是?

3. 您的最高学历是?

4. 您的职称级别是?

A. 正高   B. 副高   C. 中级

D. 初级

5. 您的年龄段是?

A. 50 岁以上   B. 40 岁到 50 岁   C. 35 岁到 39 岁

D. 35 岁以下

6. 您目前的年收入水平?

A. 50 万元以上   B. 40 万~50 万元   C. 30 万~40 万元

D. 20 万~30 万元   E. 10 万~20 万元

7. 您对目前的年收入是否满意?

A. 非常满意   B. 基本满意   C. 不满意

D. 极度不满意

8. 您的年收入期望值是?

A. 50 万元以上   B. 40 万~50 万元   C. 30 万~40 万元

D. 20 万~30 万元

9. 您目前的工作压力和强度如何?

A. 超负荷   B. 适中   C. 偏轻

10. 您对未来的晋升机会感到满意吗？

A. 很满意 　　　　　 B. 不满意 　　　　　 C. 还凑合

11. 您对目前工作中的人际关系满意吗？

A. 非常满意 　　　　 B. 还好 　　　　　　 C. 不满意

12. 您对工作环境是否感到舒适？

A. 非常舒适 　　　　 B. 不确定 　　　　　 C. 不舒适

13. 目前的工作内容，您觉得可以发挥您本身的优势吗？

A. 偶尔有 　　　　　 B. 不确定 　　　　　 C. 没有

14. 您认为所在出版社的团队精神如何？

A. 非常强 　　　　　 B. 还行 　　　　　　 C. 不强

15. 对你来说，您在出版社有归属感吗？

A. 非常有 　　　　　 B. 基本有 　　　　　 C. 没有

16. 您对所在出版社的发展前景有信心吗？

A. 非常有 　　　　　 B. 还好 　　　　　　 C. 没有

17. 您对所在出版社整体的企业文化是否满意？

A. 非常满意 　　　　 B. 还好 　　　　　　 C. 不满意

18. 现有工作和自己期望的工作差异大吗？

A. 差异很大 　　　　 B. 还好 　　　　　　 C. 基本没有

19. 你愿意和所在出版社一起成长和面向未来吗？

A. 非常愿意 　　　　 B. 不愿意 　　　　　 C. 不确定

20. 您对出版行业未来3～5年的发展有信心吗？

A. 非常有 　　　　　 B. 还好 　　　　　　 C. 没有

21. 你是否考虑其他工作机会？

A. 经常 　　　　　　 B. 偶尔 　　　　　　 C. 不考虑

附录 3　部分大学出版社知识服务相关项目概况（见附表2）

附表 2　部分大学出版社知识服务相关项目概况

序号	名称	知识服务相关项目
1	清华大学出版社	借助文泉云盘、文泉课堂、文泉考试三个数字教学系统，衍生出"书+二维码""书+数字课程""书+专有平台"三种新形态图书出版模式。文泉学堂知识库是集电子书+多媒体扩展阅读+在线课程资源+教师服务于一体的高等教育知识服务云平台
2	北京大学出版社	北大博雅讲坛 App 提供各种线上文化内容和线上讲座
3	中国人民大学出版社	人大云窗职教学苑、人大复印报刊资料数据库、CSSE 学术资源库、学界（提供论文智能测评、投稿智能匹配、期刊分析报告、一对一咨询、在线研究方法与论文写作课程）、壹学者（提供阅读、科研、社交、传播、项目合作、学术笔记、会议助手、调研助手、课题立项等工具）
4	北京语言大学出版社	全球汉语教学和文化资源平台、HSK 和 MHK 两大在线学习与评估系统
5	北京师范大学出版社	小孩爱学（提供京师幼儿园交换式数字课程包、小孩爱听听书客户端、小孩爱看阅读客户端等数字产品群）、京师书苑、想读、京师 E 课职业教育课程平台、师言心语平台（提供高等教育学科教材资源）
6	北京理工大学出版社	养老文化智能全媒体平台、汽车科技文献智能服务平台、高等院校突发事件应急管理与安全教育演练平台
7	中国人民公安大学出版社	中国警察智识数据库：整合中国人民公安出版社的百科条目 15 000 余条、案例 670 个、论文 7 066 篇、图片 11 320 幅、图书 2 000 册，对图书内容进行了深加工，提取出独立文章 538 800 余篇
8	首都师范大学出版社	国学吟诵资源库与传播服务平台

附表2（续）

序号	名称	知识服务相关项目
9	中国石油大学出版社	新蓝职业技能鉴定培训网：包含视频课程、课件，是集在线培训、实训、模拟考试于一体的教育教学系统
10	天津大学出版社	建筑邦：集社区、智库、App、微信公众平台、微博、电子书、纸质图书出版于一体的服务平台
11	哈尔滨工业大学出版社	宇航科教一体化数字综合平台：依托学校和中国航天科技集团有限公司，建设的集宇航专业数据库、宇航在线教育平台、宇航数字科技馆、宇航人才培训基地和知识百科全书于一体的线上+线下宇航知识服务平台。 数学数字出版综合应用一体化平台：以哈尔滨工业大学出版社优质数学出版资源为基础，以学校为依托，以市场需求为导向，打造的集数字出版、在线教学、电子商务、成果评价、业内交流于一体的综合性平台
12	东北财经大学出版社	财经高等职业教育富媒体智能型教材开发系统工程、财经出版数字化流程再造系统工程
13	辽宁师范大学出版社	青少年儿童培育和践行社会主义核心价值观媒体融合出版工程：主要包括学前教育绘本、青少年读本及优秀传统文化教育等多个图书系列，充分发挥数字产品对少年儿童融合教育的优势，立足媒体融合出版的理念，研发数字媒体互动图书App等多种数字产品
14	华东师范大学出版社	"智慧树"中小学数字教学系统、"美慧树"儿童早期教育全媒体解决方案、"智慧树"中小学公共安全教育平台
15	同济大学出版社	中国工程与工程师史文化应用交互平台：有同济大学特色的工程技术数据库平台，收集工程技术领域的图书、期刊论文、知识产权、工程项目、工程师名单、工程文献、课程、视频、音频等资料，并提供以上资源的全文检索和在线阅读功能。设立交互式论坛

附表2(续)

序号	名称	知识服务相关项目
16	外语教学与研究出版社	Unischool 平台:集图书、资源建设、教师培训、科研课题、考试评测、赛事活动于一体,专注基础教育阶段的外语教育。 HEEP 高等英语教学网:为高等院校英语教师提供教育资讯、教学资源与教育服务。 人工智能(AI)学习平台:基础学段英语智能化教学交互平台
17	复旦大学出版社	复旦学前云平台:基于复旦大学学前教材资源的数字化,提供活动案例、微课教室、新书抢读等教学服务和相关图书的出版和购买服务
18	上海交通大学出版社	慕知悦读 App:以电子图书、有声读物、语言点读、视频微课为主要形式切入点,以理工医学、人文社科、外语学习为主要内容切入点。 住院医师培训规范化云平台:专为医务人员(主要是住院医师)的线上培养及教学管理而设计,提供对本地区所有住院医师的线上培训、考核、管理等功能,集聚了千余名医学专家的科研成果、临床医学教育资源,形成了完整的住院医师规范化培训的融合生态圈。平台的教学内容资源包括 2 000 个以上手术和教学视频,3 000 个以上临床真实案例,200 000 道以上考试试题
19	上海财经大学出版社	"书云"数字资源支撑系统:用于纸质图书与数字资源的配套与融合出版,构建财经类学科出版资源的数据库
20	浙江大学出版社	立方书 App:提供"教材内容"+"课程教学资源"+"教学服务"。课堂中的提问、讨论、答疑等任务都可以在学生、教师的移动终端中完成
21	南京大学出版社	中文学术图书引文索引(CBKCI)、中国智库索引(CTTI)、民国文献资料库、人文社会科学双语术语库
22	南京师范大学出版社	数字出版项目众多,主要是基于各学龄段的教育、培训项目,如数字幼儿园、基础美术教育资源数字出版、智汇微学、学前教育网络教研培训云平台等

附表2（续）

序号	名称	知识服务相关项目
23	东南大学出版社	数字化电子电气自主在线实践平台：联合东南大学电工电子实验中心建设一系列电子电气自主在线实践课程。 中国近代建筑文化遗产保护与利用数字出版云平台：基于东南大学建筑学院周琦教授学术团队掌握的近代建筑文化遗产资料，建立的数字化资源收集平台，能结合学校学科优势，整合相关优质资源，根据建筑文化遗产保护与利用工作的特点和需求，基于大数据架构、云服务技术，提供数据搜集、整理、保存功能和检索、分析、研究、交流服务，并支持虚拟实境沉浸式体验等。该项目创新和优化了近代建筑文化遗产保护与利用的模式，具有开拓性和示范性，为东南大学建筑学等优势学科建设提供了有力的支持
24	河海大学出版社	水文化与水科技数字出版工程：推动水文化研究成果的数字化资源建设、水利科技数字化资源建设、数字化出版技术平台建设，实现出版社自主加工数字资源、安全发行数字产品。 水利教育数字出版工程：建设水利数字内容、数字资源采集、加工平台，提供富媒体数字产品制作工具、数字化课程资源、水利教育在线培训
25	苏州大学出版社	吴文化数据库：整合苏州大学在吴文化研究方面的优势，涵盖苏州及环太湖地区的吴文化数据信息，主要涉及吴地春秋、吴地研究等方面，共有 12 万余条数据
26	合肥工业大学出版社	徽州古村落研究数字化项目：在百余种徽州古村落文化丛书的基础上，与其他各类徽州文化研究与传播的内容相融合，经过数字化的加工、整合、凝练，形成重要的徽文化知识数据库
27	广西师范大学出版社	知更社区：线上有音频的直播、录播课程及大量的免费讲座，线下有深度的文化游学、读书会等
28	郑州大学出版社	高校教材在线销售与数字出版平台：对本版教材进行数字化加工、知识点提取，实现在线教学互动，对接高校教材管理部门的教材供应发行子平台，下设教材协同编辑系统子平台 基于增强现实（AR）技术的手语教育复合出版平台

附表2（续）

序号	名称	知识服务相关项目
29	武汉大学出版社	VR+医学教育资源应用平台建设、基于语义出版的O2O教学资源平台
30	华中科技大学出版社	国家数字复合出版系统工程
31	中国海洋大学出版社	海洋科普全媒体出版及产业化示范项目。项目成果之一的"海洋欢乐谷"数字媒体平台下设4个子平台：全国首家青少年海洋科普主题网站——"海洋欢乐谷"、"海洋欢乐谷"App、"海洋欢乐谷"微博平台、"海洋欢乐谷"微信公众号
32	中国石油大学（华东）出版社	石油教育数字出版平台
33	大连海事大学出版社	"一带一路"知识服务体系与全媒体融合工程、中国海船船员O2O教育服务平台
34	厦门大学出版社	海疆学术资料馆数字化知识服务平台、基于媒体融合的数字出版云端协同平台及产业应用、会计在线教育平台、海上丝绸之路历史文献资源服务平台、新闻出版业优秀科技与标准重点实验室
35	大连理工大学出版社	外语教学管理平台
36	汕头大学出版社	微博导航与社会化阅读平台。该平台由汕头大学出版社与广州华阅数码科技有限公司联合开发，双方共同推动内容数据的智能化加工整合，以及基于高端用户和目标用户阅读行为分析提供主动推送服务
37	中南大学出版社	中国有色金属在线：提供科技知识检索、在线电子书、在线购书、行业交流、行业资讯等服务，以及面向有色金属企业的科技图书馆解决方案。 有色金属知识库：获得中国出版政府奖，核心内容是出版社多年来出版的有色金属图书的全文及有色金属行业期刊文献的摘要信息，涵盖地质工程、采矿工程等学科的知识